NOSSA SENHORA APARECIDA E O PAPA FRANCISCO

DOM DAMASCENO
DOM CLÁUDIO HUMMES

NOSSA SENHORA APARECIDA E O PAPA FRANCISCO

DOIS CARDEAIS CONVERSAM SOBRE O PAPA E A DEVOÇÃO PELA PADROEIRA DO BRASIL

Organização: Kater Filho

Planeta

Preparação: Maurício Katayama
Revisão: Débora Dutra e Dan Duplat
Diagramação: Vivian Oliveira
Capa: Departamento de criação da Editora Planeta do Brasil
Imagem de capa: Fernando Calzzani/Photo Press

DADOS INTERNACIONAIS DE CATALOGAÇÃO NA PUBLICAÇÃO (CIP)
ANGÉLICA ILACQUA CRB-8/7057

Assis, Raymundo Damasceno de
Nossa Senhora Aparecida e o Papa Francisco: dois cardeais conversam sobre o papa e a devoção pela padroeira do Brasil / Raymundo Damasceno de Assis, Cláudio Hummes; organização de Kater Filho; prefácio de Papa Francisco. – São Paulo: Planeta do Brasil, 2017.
208 p.

Livro para o terceiro centenário de Aparecida
ISBN: 978-85-422-0938-9

1. Aparecida, Nossa Senhora 2. Catolicismo 3. Religião I. Título II. Hummes, Cláudio III. Kater Filho, Antonio Miguel IV. Francisco, Papa, 1936-

17-1180 CDD 232.91

Índices para catálogo sistemático:
1. Aparecida, Nossa Senhora

2017

EDITORA PLANETA DO BRASIL LTDA.
Rua Padre João Manuel, 100 – 21º andar
Ed. Horsa II – Cerqueira César
01411-000 – São Paulo-SP
www.planetadelivros.com.br
atendimento@editoraplaneta.com.br

NOTA DO ORGANIZADOR

Este livro nasceu de uma conversa informal: dom Cláudio Hummes, dom Damasceno e eu em um almoço no qual comentávamos a grande devoção brasileira a Nossa Senhora Aparecida e a proximidade dos trezentos anos de sua aparição; nesse diálogo, conversávamos também sobre o carinho do Papa Francisco pela nossa querida padroeira e seus romeiros.

Nesse bate-papo informal, dom Cláudio e dom Damasceno me contavam fatos isolados que haviam sido presenciados por eles, em que o Papa havia manifestado sua devoção a Nossa Senhora Aparecida, e ainda outras atitudes, declarações e gestos inusitados de Francisco que nos revelavam sua autenticidade, seu despojamento e sua coragem frente à nossa Igreja, como seu Pastor Supremo. A certa altura um de nós disse: "Olha, isso até daria um livro!". Imediatamente respondi: "Por que não?". Paramos por alguns segundos e, quase em uníssimo, concordamos que sim, esses fatos, agrupados, dariam uma excelente obra inédita!

Então dom Cláudio, que iria a Roma alguns dias depois, se comprometeu a consultar pessoalmente o papa sobre se ele nos autorizaria a escrever um livro a respeito deste tema: Nossa Senhora Aparecida e o Papa Francisco. Ele não só concordou como, espontaneamente, se comprometeu a escrever e colaborar com o projeto.

Daí nasceu esta obra que você tem em mãos. Nela, os nossos caríssimos cardeais nos revelam muitos fatos inusitados presenciados por ambos no convívio com o querido Papa Francisco. Vale a pena ler e guardar este registro histórico de nossa caminhada como Igreja sob o pontificado de Francisco e as bênçãos eternas de Nossa Senhora Aparecida.

Kater Filho
Consultor de marketing católico,
autor e professor universitário

SUMÁRIO

PREFÁCIO

Existem memórias importantes que necessitam ser escritas a fim de permanecerem para a posteridade. Este livro, sem dúvida, compila uma riqueza extraordinária que ajuda a compreensão do atual momento e os caminhos da Igreja. Dois personagens históricos que marcam a vida brasileira compartilham memórias e opiniões para entendermos ainda melhor o momento presente: dom Cláudio Hummes e dom Raymundo Damasceno Assis. O assunto importante: seus encontros com o Papa Francisco, tanto quando ainda Cardeal Bergoglio, na V Conferência em Aparecida, como após a eleição do Papa Francisco ao trono de Pedro.

Ainda trago em meu coração a lembrança da primeira visita internacional do novo papa. Foi para mim uma grande honra e, ao mesmo tempo, uma bênção, ser o arcebispo da primeira arquidiocese do mundo a acolher o Papa Francisco em sua primeira viagem ao exterior, para cumprir o importante compromisso já bastante conhecido: a Jornada Mundial da Juventude.

Essa sábia e oportuna iniciativa do inesquecível São João Paulo II tem dado muitos frutos.

Durante o tempo privilegiado de uma semana em que convivi de perto com o Papa Francisco, aqui no Rio de Janeiro, pude perceber o grande amor que ele nutre por Nossa Senhora, tanto que ele fez questão de ir até o Santuário de Aparecida para ali rezar pela Jornada, pelo país e, ao mesmo tempo, relembrar os dias em que lá esteve durante a V Conferência Geral do Episcopado Latino-Americano e do Caribe, em 2007. Na época, estávamos em várias equipes trabalhando pelo "Documento de Aparecida", e ali, lado a lado com o então Cardeal Bergoglio, estavam dom Cláudio Hummes e dom Damasceno, além de tantos outros bispos e arcebispos da América Latina e do Caribe. O então arcebispo de Buenos Aires desempenhou um papel primordial: foi o coordenador da comissão final de elaboração do texto do documento, por isso tinha que unir sugestões, decisões, ideias e conclusões dos diversos grupos de trabalho e reunir tudo isso, com coerência e sem distorções ou tendências, no chamado "Documento de Aparecida".

Neste livro os autores nos revelam detalhes dos bastidores da Conferência, ainda desconhecidos do público, porém muito interessantes, e alguns até pitorescos, e de suas exaustivas reuniões. Junto com essa memória, também é importante acolher as impressões sobre a conduta do Papa Francisco quando de sua eleição, desde o início, quebrando regras e protocolos, para surpresa de todos.

Aqui no Brasil, tive oportunidade de travar vários diálogos informais com o papa nos intervalos dos muitos compromissos da Jornada, e ele sempre fazia referências, com amor e muita admiração, ao enorme número de fiéis que com entusiasmo acorriam à JMJ. A mesma impressão que ele passou, como nos contam dom Cláudio e dom Damasceno detalhadamente neste livro, da sua alegria maior e de sua forte motivação vendo um numeroso povo rezando para que o Espírito Santo inspirasse a nós todos, bispos e arcebispos reunidos em Aparecida, para que tomássemos sábias decisões sobre os rumos da Igreja nesta "mudança de época".

Interessante é corroborar o que dom Cláudio e dom Damasceno – que tiveram oportunidade de trabalhar por mais tempo ao lado dele, quando o papa ainda era Cardeal Bergoglio – nos revelam quanto a sua simplicidade, coerência e autenticidade desde o momento em que ele se tornou papa, relevando objetividade e clareza em suas homilias, entrevistas e declarações. Realmente, dom Cláudio e dom Damasceno nos revelam essa autenticidade do Papa Francisco, apresentando-o como ele realmente é, sem máscaras e sem clichês.

Além disso, este livro nos traz informações e relatos históricos preciosos sobre os trezentos anos da devoção mariana brasileira, que já ultrapassa as nossas fronteiras e alcança fiéis de outros países latino-americanos e demais continentes. Desde o encontro da Imagem no ano de 1717 até os mínimos detalhes da preparação do tricentenário dessa devoção (em outubro de 2017) nos são revelados neste livro.

Agradeço a dom Cláudio e a dom Damasceno por nos trazerem memórias tão importantes e inéditas sobre os trezentos anos de Nossa Senhora Aparecida e as impressões e recordações do Papa Francisco, que, dia a dia, conquista e cativa ainda mais os corações da população mundial, por sua determinação, firmeza e sua grande misericórdia, tão bem apresentadas a nós nesta obra literária.

Quero externar a minha alegria, gratidão e a imensa honra que senti quando por eles fui convidado a prefaciar este livro que, tenho certeza, será um marco histórico na caminhada da Igreja. Que leve muitas pessoas ao encontro com Cristo e à transformação de nossa sociedade para que seja mais justa e mais fraterna.

Dom Orani João, Cardeal Tempesta, O. Cist.
Arcebispo de São Sebastião do Rio de Janeiro – RJ

APRESENTAÇÃO

Papa Francisco

Tive a oportunidade de me aproximar do coração do Povo de Deus brasileiro em 2007, quando celebramos no Santuário de Nossa Senhora Aparecida a V Conferência do Celam.[1] Com muito prazer compartilho a experiência do que foi vivido ali.

Era a primeira Assembleia do Episcopado Latino-Americano realizada em um santuário mariano, e seus trabalhos aconteciam no interior do Santuário, mais precisamente no subsolo. O ruído dos visitantes, as orações e cantos dos peregrinos, seus clamores e ações de graças não só acompanharam nossas rotinas, mas ajudaram a nutri-las e sustentá-las. Assim, fiéis e pastores ficávamos à escuta do que o Espírito Santo queria suscitar em nossas igrejas. Era todo o Povo fiel de Deus orante que buscava responder ao convite de Maria: "Fazei tudo o que Ele vos disser" (Jo 2,5). E ali estava ela, presença silenciosa mas segura, protegendo

1. Celam é o Conselho Episcopal Latino-Americano. (N.T.)

os trabalhos da assembleia. Assim, no seio de Aparecida (Santuário e assembleia) era gestado o horizonte para o qual o Senhor nos conduzia: a missão continental. Todos os trabalhos e especialmente o documento que dali surgiu tinham e têm como tarefa lembrar-nos desse horizonte.

Animo-me a dizer que em Aparecida produziu-se um movimento no qual os cristãos éramos convidados a entrar: do coração orante do Povo fiel de Deus – como só um santuário mariano pode nos fazer experimentar – ao coração de nossos povos e cidades, ao coração dos homens e mulheres do nosso tempo, ali onde estes se encontravam. Dois enclaves bem precisos para o cristão latino-americano no século XXI: a comunidade orante e a missão. O Espírito Santo foi guiando-nos e fazendo-nos perceber que essas duas realidades, longe de serem opostas, se reclamam e se necessitam.

Portanto, Aparecida não teve como objetivo produzir um documento final, mas posicionar a todos nós em chave missionária. A missão se torna, assim, a chave de interpretação de todos os nossos discernimentos e ações (pastorais, intelectuais, espirituais, educativos, administrativos e até de nossos horários). É a missão que pode pautar quem somos e o que fazemos: como nos organizamos, nos movemos, como rezamos e inclusive como pensamos a nós mesmos. É a missão o que nos faz questionar e nos convida à conversão de tudo aquilo que, por melhor que seja, poderia ser hoje um impedimento para compartilhar a alegria do Evangelho.

Vivemos hoje em um contexto mutante, e as próprias mudanças parecem se dar num ritmo altamente vertiginoso. A aceleração das transformações sociais às quais estamos submetidos nos induz a pensar que toda tentativa de resposta já é uma ação caduca. Uma das consequências desse processo é a fragmentação que vemos crescer a cada dia. Vivemos em sociedades fortemente polarizadas e fragmentadas. Fragmentação que se faz carne visível em tantos rostos concretos. Hoje, ao fenômeno da exploração e da opressão de nossos povos, soma-se um novo processo: a exclusão social. "Com ela o pertencimento à sociedade na qual se vive fica afetado, pois já não se está abaixo, na periferia ou sem poder, mas se está de fora. Os excluídos não são somente 'explorados', mas 'supérfluos' e 'descartáveis'."[2]

Como comunidade eclesial, não estamos alheios a todos esses processos e somos também atraídos para a fragmentação, a polarização e a exclusão. Somos tentados a buscar certo isolamento que nos "proteja" das fortes turbulências às quais nos vemos submetidos, e a adquirir uma lógica separatista; e pouco a pouco – sem nos darmos conta disso – podemos fazer nossa a oração do fariseu: "Ó Deus, eu Te dou graças porque não sou como o resto dos homens, ladrões, injustos, adúlteros, nem como este publicano". (Lc 18,11). Podemos pensar que ganhamos em identidade e em proteção cada vez que nos diferenciamos ou nos isolamos dos demais,

2. Documento de Aparecida. n. 65.

especialmente daqueles que estão passando ou vivendo situações muito difíceis.

Por isso nos faz bem, uma e outra vez, diante de toda tentativa de isolamento, de sectarismo ou de uma postura autorreferente e excludente, voltar a esse santuário e lembrar o que o Espírito soprou ao nos ajudar a discernir que "A pastoral da Igreja não pode prescindir do contexto histórico onde vivem seus membros. Sua vida acontece em contextos socioculturais bem concretos. Estas transformações sociais e culturais representam naturalmente novos desafios para a Igreja em sua missão de construir o Reino de Deus. Em fidelidade ao Espírito Santo que a conduz, nasce dali a necessidade de uma renovação eclesial, que envolve reformas espirituais, pastorais e também institucionais".[3]

É justamente o Espírito que nos envia a todos esses ambientes mutantes. É o Espírito que nos impulsiona nessa renovação eclesial para que não tenhamos medo de sair. Ele nos incentiva a nos aproximarmos desses muitos rostos nos quais a dor, a injustiça, a solidão, as diferentes formas de miséria e exclusão parecem ter a última palavra. E a missão é o melhor remédio que possuímos para enfrentar nossos isolamentos separatistas, que, longe de trazerem o bálsamo da reconciliação, aumentam a tensão e a fragmentação que tanto mal nos fazem.

Desejo que o contato com este livro, com as reflexões, experiências e orações que ele apresenta, seja um

---

3. Documento de Aparecida. n. 367.

forte estímulo para um encontro – como fizemos nós – com o coração orante do Povo de Deus; e que desse modo possamos ir ao coração de nosso povo, de nossa cidade, do lugar onde estivermos, e renovar nosso ser discípulo missionário para que, em Jesus, todos os povos tenham vida e esta seja em abundância.

Que Nossa Senhora Aparecida custodie e proteja seu coração de filho e de filha.

Vaticano, 29 de junho de 2017.

Franciscus

CAPÍTULO 1

O JUBILEU – TREZENTOS ANOS DE BÊNÇÃOS

Dom Damasceno

Era o ano de 1717. Três pescadores, levados por necessidades históricas e econômicas, saíram para pescar num rio escasso de peixes, o Paraíba do Sul. Por ação misteriosa de Deus, chegando ao "Porto Itaguaçu", após teimosas tentativas frustradas na busca de peixes, a primeira coisa que caiu em suas redes foi o corpo de uma imagem quebrada na altura do pescoço. Num segundo lance de rede, pescaram a cabeça da mesma imagem. Juntando as duas partes, viu-se que se tratava da Senhora da Conceição. Depois do encontro da Imagem, jogaram novamente as redes e os peixes vieram em abundância. Os pescadores intuíram a presença e ação de Deus naquele singular evento.

Podemos assegurar que ocorreu um amor à primeira vista, e o primeiro gesto talvez tenha sido uma prece de súplica e agradecimento e, em seguida, quem sabe, envolvê-la em um pedaço de pano qualquer para protegê-la. Aquela imagem machucada pelas águas caudalosas do rio, que a guardou por tanto tempo, naquele dia, por meio das mãos benditas de humildes homens que se ocupavam da labuta da pesca, começava a tornar-se forte símbolo da fé do povo brasileiro.

O povo chamou, carinhosamente, aquela imagem de "Aparecida", nome consagrado pela devoção popular, chegando a ser proclamada Rainha em 1904, Padroeira do Brasil em 1930, e a ser aclamada pelo governo e pelo povo brasileiro em 1931, na cidade do Rio de Janeiro, então capital do Brasil.

A partir do ano de 1717, o culto à Virgem Aparecida espalhou-se por todo o país. A Rainha e Padroeira do Brasil tem sido fonte de inspiração para os que se dedicam à arte e às letras, de tal forma que é impossível calcular as obras executadas por artistas simples e célebres para homenageá-la.

Passaram-se três séculos e, em 2017, a Igreja do Brasil veio a comemorar o ano jubilar em vista dos trezentos anos do encontro da Imagem de Nossa Senhora Aparecida, um tempo de render graças a Deus pela mariofania, manifestação da Mãe de Deus, que se deu em terras de Santa Cruz. Hoje, a Imagem da Virgem que apareceu se tornou um dos mais importantes símbolos de fé e devoção do povo brasileiro. Nossa Senhora Aparecida ganhou o coração de nossa gente. São muitas as dioceses, paróquias e comunidades que a têm como padroeira. Praças, avenidas, ruas ganharam seu nome. Em Aparecida, tudo existe ao redor dessa devoção, inclusive o nome da cidade.

Em virtude do ano jubilar, desde 2011 o Santuário Nacional e Arquidiocese de Aparecida se preparou para viver esse momento de graças e contribuir para que o Brasil também o vivesse. Viver o ano jubilar, sobretudo, é dar graças por um benfeito a um povo, a uma nação. Nesse sentido, quantas graças foram alcançadas por nossa gente pela intercessão de Nossa Senhora Aparecida? Temos muito o que celebrar. Para viver o ano jubilar, muitos projetos foram abraçados, muitos deles já realizados, e outros ainda sendo executados.

A primeira ação em vista das comemorações dos trezentos anos foi a criação de uma comissão para os trabalhos. Tal comissão teve a responsabilidade de fazer uma agenda para os eventos e de promover ações que ajudassem a viver esse tempo de ação de graças. O primeiro trabalho dessa comissão foi criar uma oração para se rezar durante todo esse tempo, oração essa que fomos colocando nas mãos das pessoas e que, durante o ano jubilar, no final de cada celebração eucarística no Santuário Nacional, passa a ser rezada por todos os que participam na solenidade. Essa oração substitui em 2017 a tradicional consagração à Rainha e Padroeira do Brasil.

Outra ação promovida pelo Santuário Nacional desde 2014, com muito sucesso, é a visita da Imagem Peregrina a todas as dioceses da Igreja no Brasil. Tivemos a delicadeza de corresponder ao gesto singelo de cada peregrino que ruma à Casa de Maria com frequência. Quisemos que imagens peregrinas, como gesto de gratidão, saíssem do Santuário Nacional e visitassem todas as arquidioceses do país; essas imagens passaram a ser presenteadas e entronizadas nas dioceses para nelas ficarem como um sinal histórico do jubileu. Lembramos também que todas as 27 capitais da federação brasileira entraram no roteiro das visitas. Cada uma delas foi devidamente preparada pela equipe do Santuário e da igreja local que a recebesse, no âmbito de uma celebração eucarística e sendo transmitida pelos meios de comunicação. Durante cada visita, outra ação é a coleta de uma pequena porção de terra do chão dessas cidades, trazida para o Santuário e, dessa quantia, um pouco se deposita em uma pequena ampola para ficar na coroa jubilar.

Outros projetos ficaram por conta das obras de acabamento interno do Santuário. Destacamos o restauro da cúpula central, obra desafiadora realizada a partir de projeto artístico elaborado e assinado pelo artista sacro Cláudio Pastro, falecido no dia 19 de outubro de 2016. A cúpula, devido a sua importância, uma vez que protege o que há de mais importante num edifício sacro, que é o Altar, ganhou acabamento especial em mosaicos, concebidos a partir da Árvore da Vida. Toda a arte desse espaço foi confeccionada em mais de 2 mil metros de mosaicos feitos pela empresa Friul Mosaic, da Itália. Quanto ao conceito artístico da arte da Cúpula, vale a pena destacar os dizeres do próprio artista: "'Árvore da Vida' no 'centro do paraíso' (Éden), onde os pássaros brasileiros são imagens dos peregrinos que vêm ali se aninhar e repousar. A Árvore da Vida é o próprio Reino de Deus entre nós. A cúpula faz-se em 'ouro' como um grande sol. No centro, a pomba é uma imagem do Espírito de Deus que anima a criação, a vida do universo. Os pássaros e árvores são representativos da fauna e da flora brasileira".

Outra obra desafiadora foi o Campanário, composto por 13 sinos desenhados por Cláudio Pastro e confeccionados na Holanda. Cada um dos sinos do conjunto de 12 é dedicado a um dos 12 apóstolos, fazendo uma merecida homenagem aos arcebispos, cardeais e bispos que doaram suas vidas para pastorearem essa porção do povo de Deus da Igreja de Nosso Senhor Jesus Cristo. O 13º sino é maior e dedicado à Virgem Maria e a São José. Também faz uma homenagem aos membros da Família Campanha dos Devotos, eles que têm a missão de serem um "tijolinho" vivo na Casa da Mãe Aparecida. Esse belo monumento faz com que o som emitido, a partir do bronze, represente a "voz de Deus que toca no coração de cada um" e convida a uma prece.

No ano de 2016 foram inaugurados três monumentos em três lugares especiais para marcar os festejos do ano jubilar, homenageando Nossa Senhora Aparecida: nos Jardins do Vaticano, no Santuário Nacional de Aparecida e na sede da CNBB em Brasília, projeto também concebido pelo artista sacro Cláudio Pastro e confeccionado pela empresa Arte Poli, de Verona, Itália. São peças desenvolvidas em aço cortén, que trazem figuras de canoa, pescadores, peixes e devotos, além de uma imagem fac-similar da Senhora Aparecida em bronze dourado. A barca é a Igreja. Os humildes pescadores brasileiros do Vale do Paraíba do Sul recebem a graça do milagre abundante de peixes, figura do Cristo, alimento desse povo, e essa fé nos é apontada pelo encontro da pequena Imagem.

Em justa homenagem à Rainha e Padroeira do Brasil, o Santuário Nacional, em parceria com a Casa da Moeda do Brasil, lançou na solenidade de Nossa Senhora Aparecida, no dia 12 de outubro de 2016, uma medalha comemorativa dos trezentos anos do encontro da Imagem. Não se trata de uma medalha tão somente, mas de uma singular homenagem Àquela que se tornou a criatura humana mais invocada e bendita pelo povo brasileiro.

Finalizo este artigo com o texto explicativo da medalha, feito pelo artista sacro Cláudio Pastro (*in memoriam*), autor da arte do anverso da peça: "A celebração jubilar dos trezentos anos do encontro da Imagem de Nossa Senhora Aparecida no rio Paraíba do Sul é uma festa decorrente de uma terra que nasceu sob o signo cristão. O primeiro nome 'batizado' pelos colonizadores cristãos foi 'Terra de Santa Cruz'. O nome recebido mais tarde de 'Brasil' já é um 'nome comercial', proveniente da extração da grande quantidade de madeira assim apelidada. Portanto, temos ao centro uma cruz e os dois nomes dessa Terra: 'Terra de Santa Cruz e Brasil'. Atravessando a cruz, uma barca (piroga) faz referência à Igreja criada pelo Cristo e sua apostolicidade e, também, à barca dos pescadores que encontraram a Imagem de Nossa Senhora em meio a um grande número de peixes, seu primeiro milagre. Três peixes referem-se aos cristãos que só têm vida nova nas águas do Cristo, assim como o peixe é símbolo de fartura, de dinamismo e de recomeço de vida. Uma 'rede de pesca' sai da cruz, lembrando aos brasileiros sua pertença a esses fundamentos. A água em ondas significa a vida em movimento (missão) pela ação do Espírito Divino, seu sopro, nesta 'Terra de Santa Cruz'".

Além disso, em parceria com os Correios, na solenidade da Padroeira de 2016, durante a celebração eucarística das 7 horas, presidida pelo cardeal arcebispo de Aparecida, dom Raymundo Damasceno Assis, juntamente com o diretor regional dos Correios, foi lançado o carimbo comemorativo aos trezentos anos, que marcaria todas as correspondências postadas na cidade de Aparecida (SP). Um selo foi criado pelos Correios e pelo Santuário para ser obliterado nos anos seguintes, mais precisamente por ocasião da novena em preparação à Festa da Padroeira em 2017.

Um congresso internacional foi preparado e aconteceu entre 9 e 12 de agosto de 2017, ocupando-se de um estudo interdisciplinar dedicado à devoção a Nossa Senhora Aparecida no contexto dos trezentos anos. A efeméride apresentou uma oportunidade única para reunir pesquisadores dedicados ao estudo da devoção no Brasil e, em especial, neste caso, da devoção a Nossa Senhora Aparecida, dada a sua relevância para a história, a sociedade, a política e o catolicismo em terras de Santa Cruz. Esse evento, de interesse nacional e internacional para os estudos acadêmicos, bem como para a imprensa e o público em geral, foi preparado pela Academia Marial de Aparecida em parceria com a

PUC-SP e a Pontifícia Academia Mariana Internacional (Pami) de Roma.

Foi preparada uma novena para a Festa da Padroeira de 2017, que se revestiu de roupagem especial. Fugindo do costumeiro, seu início foi programado para o dia 1º de outubro, para que, ao terminar, no dia 9, tivéssemos a possibilidade de celebrar do dia 10 ao dia 12, fazendo um prolongamento da festa, em razão de sua grandiosidade. O tema do evento: "Aparecida: trezentos anos de bênçãos e graças". Para essa ocasião, uma coroa especial foi confeccionada a fim de coroar a Imagem: a coroa jubilar, feita em ouro doado pelos devotos e contendo a ampola com as pequenas porções de terra dos 27 estados da federação brasileira.

Em vista do ano jubilar e das comemorações dos trezentos anos, preparou-se uma agenda com muitos eventos e celebrações. Procuramos aqui acentuar alguns deles, considerando sua grandiosidade e o investimento humano e financeiro, mas sem desmerecer tantos outros trabalhos e iniciativas monitorados e preparados pelo Santuário e Arquidiocese de Aparecida, para o louvor e a glória de Deus e da Virgem Maria.

CAPÍTULO 2

O PAPA FRANCISCO E SEU AMOR A NOSSA SENHORA APARECIDA

Dom Cláudio Hummes

A visita do Papa Francisco ao Brasil, em especial ao Santuário Nacional de Aparecida, em 2013, por ocasião da Jornada Mundial da Juventude, que se realizou no Rio de Janeiro, deixou imensas saudades e marcas indeléveis no povo brasileiro, principalmente nos católicos. Havia poucos meses que Francisco tinha iniciado seu ministério papal. Já conquistara o coração dos fiéis do mundo inteiro e mesmo de muitos que não professam a fé católica. A alegria da Igreja era evidente. Todos louvavam a Deus por esse novo papa. Novo papa, novo tempo!

Ainda hoje, lembramos com emoção o momento em que o novo papa, no início da noite do dia 13 de março de 2013, se apresentou no alto da grande sacada da Basílica de São Pedro ao povo que se aglomerava na praça em Roma. Um novo papa, sul-americano, argentino, jesuíta, que momentos antes, ainda na Capela Sistina, havia tomado o nome de Francisco, ao inspirar-se em São Francisco de Assis, o Santo dos Pobres.

Ele apareceu diante do povo em vestes papais despojadas. Não quis vestir a murça de seda fina vermelha com borda de arminho branco, espécie de pequeno manto sobre os ombros, que os novos papas usavam nesse momento solene. Recusou os sapatos vermelhos e continuou a usar seus costumeiros sapatos pretos. Em vez de uma cruz dourada, apareceu com sua cruz peitoral de metal branco, que ele já usava em Buenos Aires. Veio com a simples batina branca papal, pobre e discreta. São Francisco de Assis lá do céu, e mais ainda Jesus Cristo, vendo-o assim pobre e humilde, certamente sorriram felizes! E nós também! Na Praça de São Pedro, o povo, surpreso e emocionado, aplaudiu, ovacionou e depois, em comovido silêncio, quis ouvir a primeira mensagem do novo papa.

Apenas quatro meses depois, em 22 de julho de 2013, Francisco veio ao Brasil para a Jornada Mundial da Juventude. Era sua primeira grande viagem internacional como novo papa. O povo brasileiro acorreu de todas as regiões para vê-lo e ouvi-lo. Os jovens em especial o receberam com enorme carinho. Naqueles dias da Jornada, na principal celebração do papa na praia de Copacabana, reuniram-se cerca de 3 milhões de pessoas. Uma gigantesca massa humana que participava vivamente e aplaudia Francisco! Desde então os brasileiros querem um imenso e profundo bem a esse papa argentino.

Contudo, não era a primeira vez que ele vinha ao Brasil. Antes de ser papa, quando ainda era cardeal arcebispo de Buenos Aires e se chamava Jorge Mario

Bergoglio, veio a Aparecida para participar da V Conferência Geral do Episcopado Latino-americano e do Caribe, que ali se realizou de 13 a 31 de maio de 2007. Na época, o papa era Bento XVI, que veio ao Brasil para abrir a conferência. O Cardeal Bergoglio foi uma das figuras centrais dessa assembleia de bispos, tendo sido eleito presidente da Comissão de Redação do Texto. Essa comissão, da qual eu também fazia parte, tinha o encargo de reunir todas as contribuições das plenárias e dos grupos de trabalho da conferência para ordenar esse material todo e redigi-lo em forma de um texto que tivesse alguns eixos fortes e lógica interna, dentro dos limites do tema da conferência, que era "Discípulos e missionários de Jesus Cristo para que nossos povos nele tenham vida. 'Eu sou o Caminho, a Verdade e a Vida' (Jo 14,6)". O trabalho da comissão era árduo e demorado, noite adentro, porque o documento tinha que ser fiel aos conteúdos produzidos pela assembleia e pelos grupos, dar-lhes forma a ponto de poder ser apresentado na plenária e ser finalmente votado. Desde então, o Cardeal Bergoglio, agora Papa Francisco, desenvolveu um laço pessoal muito forte com Aparecida. Em muitas oportunidades já o manifestou. Uma das facetas de Aparecida o impressionou de modo particular, quando esteve em 2007 na conferência citada. Era a constante presença de numerosos romeiros de todo o Brasil, em especial do segmento popular e pobre, no Santuário durante os dias do encontro. A oração e o carinho desse povo tinha uma valiosa dimensão eclesial concreta. Não eram teorias. Era a vida mesma do povo que estava ligada a Nossa Senhora Aparecida e, com Ela, à Mãe Igreja, nesse acontecimento histórico da Igreja na conferência. O Papa Francisco, na sua visita a Aparecida durante a Jornada Mundial da Juventude de 2013, disse, a respeito do que viveu na conferência de Aparecida em 2007:

"Neste Santuário, seis anos atrás, quando aqui se realizou a V Conferência Geral do Episcopado da América Latina e do Caribe, pude dar-me conta pessoalmente de um fato belíssimo: ver como os bispos – que trabalharam sobre o tema do encontro com Cristo, discipulado e missão – eram animados, acompanhados e, em certo sentido, inspirados pelos milhares de peregrinos que vinham diariamente confiar a sua vida a Nossa Senhora. Aquela Conferência foi um grande momento de vida de Igreja. E, de fato, pode-se dizer que o Documento de Aparecida nasceu justamente desse encontro entre os trabalhos dos pastores e a fé simples dos romeiros, sob a proteção maternal de Maria. A Igreja, quando busca Cristo, bate sempre à casa de Maria e pede: 'Mostra-nos Jesus'. É de Maria que se aprende o verdadeiro discipulado. E, por isso, a Igreja sai em missão sempre na esteira de Maria" (Homilia em Aparecida, 24 jul. 2013).

Francisco tornou-se um papa muito popular. Não populista. Quem é populista pretende tirar vantagem pessoal da admiração que o povo lhe tem. O populista cultiva no povo a busca de favores com os grandes, e assim o povo não tem muita consciência de seus próprios direitos, mas pensa que deve aos grandes porque estes lhe fazem favores. Portanto, o populista é clientelista, no sentido de fazer as pessoas se sentirem dependentes de seu amparo. Para o populista, os direitos das pessoas e das comunidades não são considerados e promovidos; ele age como se as pessoas devessem pedir favores e viver de favores dos grandes, dos políticos, dos poderosos, dos ricos. O Papa Francisco é popular, mas não populista. Ele vai ao encontro das pessoas, principalmente das mais pobres e sofridas, as consola, as abraça, as encoraja, não para ser admirado por elas nem para ser manchete nos jornais, mas o faz por causa das pessoas. Não pensa em si mesmo nem em qualquer recompensa pelo que faz aos sofridos, mas nas pessoas e nos sofrimentos delas. Isso é misericórdia pura. Por essa razão, o povo o admira e o ama.

Aliás, ele mesmo tem dito muitas vezes que é preciso promover uma cultura do encontro e do diálogo. Encontrarmo-nos para sermos capazes de caminhar juntos rumo ao futuro. Caminhar juntos, como amigos e irmãos, respeitando nossas diferenças. Somar esforços e não construir muros, exclusões, rejeições, discriminações, preconceitos, guerras e ódios. Vencer a indiferença em relação aos sofrimentos e desesperos dos outros. Derrubar muros e construir pontes para encurtar as distâncias e se aproximar do outro, em especial dos que vivem nas periferias geográficas e existenciais.

Na sua primeira saída de Roma como novo papa, no dia 8 de julho de 2013, Francisco foi para Lampedusa, uma ilha italiana no mar Mediterrâneo, onde aportava grande número de barcos com refugiados que vinham da África, dos quais se contavam aos milhares os que acabavam morrendo na travessia marítima. Diante do sofrimento de tantas pessoas, de tantos mortos no mar por afogamento, violência, fome ou doenças, o novo papa sentiu profunda comoção e foi pessoalmente ao encontro de todos esses sofridos. Chegando lá, chorou com os que choravam, consolou, abraçou, uniu seu grito ao grito desses infelizes e, em sua homilia, disse ao mundo:

"Quem de nós chorou por este fato e por fatos como este? Quem chorou pela morte destes irmãos e irmãs? Quem chorou por estas pessoas que vinham no barco? Pelas mães jovens que traziam os seus filhos? Por estes homens cujo desejo era conseguir qualquer coisa para sustentar as próprias famílias? Somos uma sociedade que esqueceu a experiência de chorar, de 'padecer com': a globalização da indiferença tirou-nos a capacidade de chorar! No Evangelho, ouvimos o brado, o choro, o grande lamento: 'Raquel chora os seus filhos [...], porque já não existem'. Herodes semeou morte para defender o seu bem-estar, a sua própria bolha de sabão. E isso continua a repetir-se... Peçamos ao Senhor que apague também o que resta de Herodes no nosso coração; peçamos ao Senhor a graça de chorar pela nossa indiferença, de chorar pela crueldade que há no mundo, em nós, incluindo aqueles que, no anonimato, tomam decisões socioeconômicas que abrem a estrada aos dramas como este. Quem chorou? Quem chorou hoje no mundo? Senhor Deus, nesta liturgia, que é uma liturgia de penitência, pedimos perdão pela indiferença por tantos irmãos e irmãs; pedimos-Vos perdão, Pai, por quem se acomodou, se fechou no seu próprio bem-estar que leva à anestesia do coração; pedimos-Vos perdão por aqueles que, com suas decisões a nível mundial, criaram situações que conduzem a estes dramas. Perdão, Senhor!"

O Papa Francisco é o papa da misericórdia. Sua viagem a Lampedusa começou a mostrar ao mundo essa faceta central do seu coração de Bom Pastor. No documento em que, depois, iria convocar o Jubileu da Misericórdia, Francisco diz: "Quantas feridas gravadas na carne de muitos que já não têm voz, porque seu grito foi esmorecendo e se apagou por causa da indiferença dos povos ricos! Neste Jubileu, a Igreja se sentirá chamada ainda mais a cuidar destas feridas, aliviá-las com o óleo da consolação, enfaixá-las com misericórdia e tratá-las com a solidariedade e a atenção devidas. Não nos deixemos cair na indiferença que humilha, no hábito que anestesia o espírito e impede de descobrir a novidade, no cinismo que destrói. Abramos nossos olhos para ver as misérias do mundo, as feridas de tantos irmãos e irmãs privados da própria dignidade, e sintamo-nos desafiados a escutar o seu grito de ajuda. As nossas mãos apertem as suas mãos e estreitemo-los a nós para que sintam o calor da nossa presença, da amizade e da fraternidade. Que o seu grito se torne o nosso e, juntos, possamos romper a barreira da indiferença que frequentemente reina soberana para esconder a hipocrisia e o egoísmo" (n.15). E o papa acrescenta ainda: "A arquitrave que sustenta a vida da Igreja é a misericórdia" (n.10). Isto é, assim como a arquitrave, a viga mestra, mantém de pé a construção, de modo semelhante a misericórdia mantém a Igreja de pé. Sem a misericórdia, a Igreja começa a cair. E, logo depois, acrescenta ainda: "A credibilidade da Igreja passa pela estrada do amor misericordioso e compassivo [...]. Talvez por demasiado tempo nos tenhamos esquecido de apontar e viver o caminho da misericórdia" (n.10). É essa atitude de misericórdia do papa que explica também seu ensinamento no documento *Amoris Laetitia*, sobre os problemas das famílias e dos casais, em especial dos casais de segunda união.

Uma Igreja totalmente missionária, misericordiosa, pobre e para os pobres, bem como uma Igreja que cuide da criação, é a grande meta do Papa Francisco. Portanto, uma Igreja missionária, que não fique em casa, que não se acomode e apenas administre o que recebeu do passado, mas que saia em missão, uma Igreja em saída, aberta, que caminhe com todos, mas especialmente com os pobres, respeitando as diferenças. Uma Igreja misericordiosa, que vá ao encontro dos sofridos e humilhados, ao encontro dos pobres e dos desempregados, dos esquecidos e abandonados, dos descartados e marginalizados, dos doentes e fragilizados, ao encontro dos pecadores que não conseguem sair do mal em que se enredaram e clamam por ajuda. Uma Igreja que vá ao encontro dos desesperados e dos que perderam o sentido da vida, que vá ao encontro de todos esses feridos para cuidar de suas aflições, oferecer-lhes perdão, encorajá-los, abraçá-los, ajudá-los a se levantar, caminhar com eles, solidarizar-se com eles, anunciar-lhes que Deus é assim misericordioso e muito mais do que nós somos capazes de sê-lo, que Jesus Cristo é o rosto dessa misericórdia do Pai, que não veio para condenar o mundo, mas para salvá-lo, para transformá-lo e oferecer-lhe uma esperança segura, um futuro bom e feliz. Chorar juntos e festejar juntos. Rezar juntos e louvar a Deus juntos. Sonhar juntos e nutrir esperanças renovadas. A misericórdia é tudo isso. É isso que vive no coração do Papa Francisco e se mostra em suas atitudes práticas, nos seus gestos e nas suas palavras.

Nesse contexto, também a devoção mariana do papa assume uma faceta de misericórdia. Ele escreve no documento do Jubileu da Misericórdia: "O pensamento volta-se agora para a Mãe da Misericórdia. A doçura de seu olhar nos acompanhe neste Ano Santo, para podermos todos nós redescobrir a alegria da ternura de Deus. Ninguém, como Maria, conheceu a profundidade do mistério de Deus feito homem. Na sua vida, tudo foi plasmado pela presença da misericórdia feita carne. A Mãe do Crucificado Ressuscitado entrou no santuário da misericórdia divina, porque participou intimamente do Seu amor" (n.24). E então o papa apresenta os momentos mais importantes da vida de Maria, principalmente quando esteve de pé junto à Cruz, em que Ela aparece como a Mãe da Misericórdia, e ele conclui, dizendo: "Ela, que foi chamada a entrar nas profundezas da misericórdia divina, interceda por nós e nos obtenha a graça de viver e caminhar sempre no perdão de Deus e na confiança inabalável do Seu amor" (n.24).

Essa entranhada devoção e amor do papa por Nossa Senhora se manifesta também na oração que ele redigiu e colocou no final do documento *Evangelii Gaudium*, que é o seu programa de pontificado. Cito alguns trechos desta bela oração mariana: "Virgem e Mãe Maria, Vós que, movida pelo Espírito, acolhestes o Verbo da vida na profundidade da Vossa fé humilde, totalmente entregue ao Eterno, ajudai-nos a dizer 'sim' perante a urgência, mais imperiosa que nunca, de fazer ressoar a Boa Nova de Jesus [...]. Alcançai-nos agora um novo ardor de ressuscitados para levar a todos o Evangelho da vida que vence a morte. Dai-nos a santa ousadia de buscar caminhos novos para que chegue a todos o dom da beleza que não se apaga. Vós, Virgem da escuta e da contemplação, Mãe do amor, esposa das núpcias eternas, intercedei pela Igreja, da qual sois o ícone puríssimo, para que ela nunca se feche nem se detenha na sua paixão por instaurar o Reino. Estrela da nova evangelização, ajudai-nos a refulgir com o testemunho da comunhão, do serviço, da fé ardente e generosa, da justiça e do amor aos pobres, para que a alegria do Evangelho chegue até os confins da terra e nenhuma periferia fique privada da sua luz" (n. 287).

Seu amor a Nossa Senhora Aparecida se manifesta também quando, após sua viagem ao Brasil, na Audiência Geral de 4 de setembro, na Praça de São Pedro, disse ao povo presente: "Hoje gostaria de falar com vocês de minha viagem ao Brasil, por ocasião da Jornada Mundial da Juventude [...]. Para mim, que venho da América, foi um grande presente! E por isso agradeço também a Nossa Senhora Aparecida, que acompanhou toda essa viagem: fiz a peregrinação ao grande Santuário nacional brasileiro, e a sua venerável Imagem estava sempre presente no palco da JMJ. Fiquei muito contente com isso, porque Nossa Senhora Aparecida é muito importante para a história da Igreja no Brasil, mas também para toda a América Latina; em Aparecida, os bispos latino-americanos e do Caribe vivemos uma assembleia geral, com o Papa Bento [em 2007]: uma etapa muito significativa do caminho pastoral naquela faixa do mundo onde vive a maior parte da Igreja Católica [...]. Brava gente esses brasileiros. Brava gente! Têm realmente um grande coração".

Outro evento que deu oportunidade ao Papa Francisco de manifestar seu amor a Nossa Senhora Aparecida ocorreu no dia 3 de setembro de 2016. Nesse dia, o papa abençoou, nos Jardins do Vaticano, um monumento em homenagem à Padroeira do Brasil. Esse monumento, de autoria do artista Cláudio Pastro, foi iniciativa muito feliz do cardeal dom Raymundo Damasceno Assis, então ainda arcebispo de Aparecida, que esteve presente ao ato. O papa disse: "Estou contente de que a imagem de Nossa Senhora Aparecida esteja aqui nos Jardins. Em 2013, eu havia prometido retornar, no ano seguinte, a Aparecida. Não sei se será possível. Mas, pelo menos, estou mais próximo dEla aqui. Convido-os a rezar para que Ela continue a proteger todo o Brasil, todo o povo brasileiro, neste momento triste [o papa se referia à crise política no Brasil]. Que Ela proteja os pobres, os descartados, os idosos abandonados, os meninos de rua. Que Ela salve o seu povo, com a justiça social e o amor de Seu Filho, Jesus Cristo. [...] O amor de Deus permanece sempre jovem, nunca trai". E, concluindo, disse: "Ela [a Imagem de Nossa Senhora Aparecida] foi encontrada por pobres trabalhadores. Que hoje ela seja encontrada, de modo especial, por todos aqueles que precisam de trabalho, de educação e por aqueles que estão privados da dignidade".

CAPÍTULO 3

ENTREVISTA COM OS CARDEAIS

Os cardeais dom Cláudio Hummes, arcebispo emérito de São Paulo, e dom Raymundo Damasceno, então arcebispo de Aparecida, autores deste livro, tiveram uma conversa informal e agradável com o consultor de marketing católico Kater Filho, organizador da obra, sobre vários temas relacionados à devoção mariana e ao carinho que o Papa Francisco demonstrou por Nossa Senhora Aparecida quando de suas visitas ao Brasil, tanto na V Conferência Geral do Episcopado Latino-Americano e do Caribe como na 28ª Jornada Mundial da Juventude, no Rio, quando o papa fez questão de ir até Aparecida, mesmo não estando na programação de sua estadia no país, para prestar sua homenagem à Padroeira do Brasil no momento em que se completam trezentos anos de sua aparição.

Devoções marianas no Brasil

Dom Cláudio, o senhor teve uma experiência bastante interessante em três cidades importantes do Brasil: inicialmente, foi bispo em Santo André, depois foi arcebispo em Fortaleza e, posteriormente, cardeal na cidade de São Paulo. Nessas três cidades, mas particularmente na região Nordeste do nosso país, é evidente que a devoção mariana é, em grande parte, o sustentáculo do catolicismo, percebemos isso nitidamente... Em sua visão e por sua experiência de pastor de nossa Igreja, como o senhor analisa a devoção mariana em âmbito nacional aqui no Brasil?

Dom Cláudio: A presença forte do catolicismo no Brasil tem muito a ver com a devoção a Maria Santíssima. Quando olhamos para trás, alguns séculos, bem antes da atual devoção abrangente a Nossa Senhora Aparecida, existiam – e continuam a existir hoje – outras devoções à Virgem Maria, ligadas em geral a ordens religiosas, com suas irmandades e ordens Terceiras, como Nossa Senhora do Carmo, Nossa Senhora do Rosário, Nossa Senhora das Mercês, Nossa Senhora da Boa Morte, Nossa Senhora das Dores, Nossa Senhora de Nazaré, muito populares aqui em nosso país. Todas elas tinham suas igrejas e capelas, muitas em belo e precioso barroco. Nossa Senhora do Rosário era especialmente cultuada pelos escravos no tempo da escravatura. Depois, se divulgaram Nossa Senhora de Lourdes, Nossa Senhora de Fátima, Nossa Senhora do Perpétuo

Socorro e outras. Sempre a mesma Mãe de Deus, Maria Santíssima, sob diversos títulos. Enfim, há muita presença de Nossa Senhora em toda a nossa história. Eu diria que essa devoção mariana foi um dos principais fatores que enriqueceram e mantiveram viva a fé do nosso povo no dia a dia.

Contudo, eu gostaria de destacar um pouco mais a devoção a Nossa Senhora de Nazaré e a Nossa Senhora Aparecida. Nos tempos mais recentes, a meu ver, vai se tornando mais conhecida pelo Brasil afora a devoção a Nossa Senhora de Nazaré, da cidade de Belém (Pará), onde nasceu e se celebrizou sempre mais pela grande festa do Círio de Nazaré, que chega a reunir a cada ano mais de 2 milhões de fiéis e peregrinos.

Em 2006, a convite do então arcebispo de Belém, dom Orani Tempesta, participei pela primeira vez do Círio de Nazaré. Jamais poderia ter imaginado a grandiosidade e o calor religioso dessa festa. Algo impressionante, inacreditável e único! Só vendo e participando é que você percebe a magnitude do Círio de Nazaré, sua importância no coração daquele povo do Norte, a abrangência, a emoção e a mística que existe nessa devoção a Nossa Senhora de Nazaré. E o povo vem ali, milhões a cada ano, sempre de novo, em todos os Círios. Há muitos e muitos anos esse fenômeno se repete.

Minha experiência pessoal mais próxima e frequente com a devoção a Nossa Senhora Aparecida é do tempo em que vim do Rio Grande do Sul para o ABC paulista, como bispo de Santo André (São Paulo), em 1975. No Rio Grande do Sul, a devoção mariana mais difundida era então a de Nossa Senhora Medianeira, em Santa Maria, e a de Nossa Senhora de Caravaggio, em Caxias do Sul. Hoje, principalmente através dos meios de comunicação, vai crescendo dia a dia também ali a devoção a Nossa Senhora Aparecida. Quando cheguei a Santo André como bispo diocesano, encontrei ali mais de perto a devoção a Nossa Senhora Aparecida. Lembro, por exemplo, quando a diocese de Santo André realizou uma grande concentração mariana, conseguindo trazer de Aparecida para São Bernardo do Campo a imagem peregrina da santa. Não lembro exatamente agora em que ano foi isso. Mas, se bem me recordo, foi bastante no início de meu tempo de bispo ali. Era a diocese que pedia essa visita da imagem peregrina, que vinha acompanhada de alguns missionários redentoristas de Aparecida.

Foi uma grande celebração! Nunca tinha imaginado que tanta gente haveria de acorrer à santa e com tanta devoção e amor. Foi uma multidão sem fim que compareceu, como se estivesse ali a própria imagem original, a autêntica; essas imagens peregrinas são cópias, é claro, e o povo sabia disso, mas ela vinha de Aparecida, representando, portanto, a Imagem de Aparecida, e o povo acorria a ela de uma forma, assim, absolutamente extraordinária. Foi um dia de muita chuva e a imagem de Nossa Senhora desceu de um helicóptero numa grande clareira onde o povo estava reunido. Dali levamos a imagem no meio da chuva até uma praça em cujo centro havia uma estrutura coberta, uma espécie de coreto, onde seria celebrada uma missa com a presença da imagem. A praça toda estava absolutamente lotada. O chão era um barro só de tanta chuva, chovendo a cântaros... Mas o povo não arredava o pé.

Realmente, mesmo debaixo de uma tempestade que caía do céu, o povo dali não arredava o pé. Todas aquelas pessoas haviam chegado antes para ficar em um lugar privilegiado, o mais próximo do altar e, consequentemente, da imagem peregrina. Foi para mim, bispo, algo realmente muito forte, um testemunho comovente de fé e confiança na Mãe de Jesus. Lembro ainda que, quando chegamos com a imagem e subimos com ela àquele coreto, elevei Nossa Senhora e fiz um giro de 360 graus no local, mostrando-a para o povo, que a aplaudia efusivamente. Então, repentinamente, a chuva parou e o sol começou a brilhar! A reação do povo foi imediata. Um grande grito de admiração e aplausos. Era como se fosse um milagre! Um sinal de Nossa Senhora, um sinal para os seus filhos e filhas. Foi assim que aconteceu, algo extraordinário, em que a gente pôde perceber como o nosso povo católico é fortemente ligado a Nossa Senhora. É a Mãe que nos acompanha sempre. Ela é sempre aquela que nos traz Jesus, que nos conduz até Jesus, a Mãe celeste que nos protege com seu manto, nos abençoa. Enfim, é algo assim amplo essa devoção a Nossa Senhora Aparecida.

Depois de 21 anos como bispo em Santo André, o então Papa João Paulo II, em 1996, me nomeou arcebispo de Fortaleza, no Ceará. Ali encontrei a devoção a Nossa Senhora da Assunção, porque a cidade de Fortaleza foi construída ao redor de uma fortaleza militar do tempo colonial que tinha como padroeira Nossa Senhora da Assunção. Essa devoção mariana a Nossa Senhora da Assunção é marcante sobretudo em Fortaleza. No interior do Ceará, prevalecem, ao meu ver, a devoção a São Francisco das Chagas, de Canindé, e ao Padre Cícero, além da devoção a São José. Mas Nossa Senhora está sempre aí, ocupando o seu lugar junto aos devotos. A devoção ao Padre Cícero traz consigo a devoção a Nossa Senhora das Dores, que o próprio Padre Cícero difundiu entre seus devotos. Em Nossa Senhora das Dores o povo sofrido do sertão nordestino procura consolo e coragem para dar sentido às suas próprias dores e misérias. Nessa Mãe das Dores o sertanejo encontra forças para sobreviver, para não desistir, não deixar a sua terra, para lutar contra os horrores das secas inclementes e do abandono do poder público.

A devoção a Nossa Senhora da Assunção foi se desenvolvendo mais nos últimos tempos em Fortaleza. Hoje constitui uma das devoções que mais atrai gente à sua festa. Centenas de milhares, se não 1 milhão.

Em 1998, fui nomeado arcebispo de São Paulo. A Arquidiocese de São Paulo tem uma relação histórica muito estreita com Nossa Senhora Aparecida, pois a cidade de Aparecida fez parte da arquidiocese até 1958. Desse modo, como arcebispo de São Paulo eu me sentia bem próximo de Nossa Senhora Aparecida e comecei, naturalmente, a frequentar mais vezes o seu Santuário Nacional, ficando cada vez mais ligado, fortemente ligado a essa devoção. E o que em Aparecida me emociona e me impressiona é a multidão de gente simples e humilde que vem para cá. É o nosso povo de todos os lados que vem para Aparecida no intuito de homenagear nossa mãe, nossa padroeira, e são multidões e são milhões e milhões de peregrinos por ano. Fala-se em mais de 10 milhões de pessoas que visitam Aparecida anualmente. Com aquela devoção fervorosa que os faz trazer toda a família, os idosos, os adultos, os jovens e as crianças, todos vêm juntos para a casa da Mãe Aparecida. É a família toda que fica aqui, porque aqui realmente se sente em casa. É a casa da Mãe, onde as famílias estão sempre à vontade. Sim, sentem-se à vontade na casa de sua Mãe. Nossa Senhora é a Mãe da humanidade, e particularmente sob o nome de Aparecida, a Mãe do povo brasileiro. Já ouvi testemunhos de peregrinos dizendo que havia muitos e muitos anos os seus pais já faziam isso, vinham para Aparecida e comiam debaixo daquelas árvores enormes que existem ao redor do Santuário. Eram coisas muito simples que o povo trazia para comer e ficava ali sob as árvores, na sombra. Passavam o dia inteiro ao redor desse Santuário, junto de Nossa Senhora. E, claro, necessariamente vinham para cumprir suas promessas, agradecer as muitas graças alcançadas e pedir por outras.

Vejo que o Santuário de Aparecida é um lugar assim, muito forte, muito, eu sempre digo, muito místico. Místico no sentido verdadeiro da palavra, quer dizer, onde a força de Deus está presente numa forma extraordinária; o ambiente transpira um clima religioso diferente, diferente de outros ambientes que frequentamos.

Isso faz lembrar-me daquele famoso canto, daquele canto da romaria, da romaria, lembra aquele canto...

"Romaria"

(Renato Teixeira)

Sou caipira Pirapora Nossa
Senhora de Aparecida
Ilumina a mina escura
E funda o trem da minha vida
Sou caipira Pirapora Nossa
Senhora de Aparecida
Ilumina a mina escura
E funda o trem da minha vida

Dom Cláudio: Ouvindo esse canto, parece-me tratar-se de uma das melhores coisas criadas como expressão do nosso povo do interior e de sua ligação com as coisas religiosas, nesse caso específico, com Nossa Senhora Aparecida. Esse caipira que vem e que conta a sua história a Nossa Senhora. Isso que o nosso povo faz, ele vem aqui e conta, por assim dizer, sua história para a Mãe Aparecida. Conta olhando para Nossa Senhora. Conta a sua história de novo e de novo, toda vez que vem para cá. Traz a sua vida. Pede a bênção sobre essa sua vida, tão cheia de coisas difíceis e complicadas, como o caipira desse belíssimo canto.

Vou citar um verso, aquele em que o caipira fala da sua família, do seu pai, de sua mãe, enfim, de sua vida difícil desde a infância, dessa sua vida que é difícil. Ele diz: "O meu pai foi peão, minha mãe, solidão...". Imagine o que ele estava dizendo a Nossa Senhora, porque as mães muitas vezes vivem uma solidão assim, incompreensível, uma solidão sem um companheiro para dividir os fardos, sozinhas com os seus filhos na dificuldade da vida, na solidão... Os maridos às vezes estão distantes, circulam muito longe, trabalhando como peões, motoristas, pedreiros em outros estados, e ela fica em casa na solidão, uma solidão que ela arrasta no seu dia a dia. Essa é uma palavra dolorida: a minha mãe era solidão. E é um filho dizendo isso: o meu pai foi peão e a minha mãe solidão. E, ainda, os meus irmãos perderam-se na vida. Quantos casos comuns a esses não existem hoje? Os irmãos perderam-se na vida à custa de aventuras, talvez buscando uma chance melhor de vida, quem sabe? Depois ele diz: "Descasei, joguei, investi, desisti. Se há sorte, eu não sei, nunca vi...". Ele contando isso a Nossa Senhora é algo muito real. Assim, ele retrata a vida de inúmeras famílias que vêm até Aparecida buscar alento, consolo, esperança e forças. E essas palavras expressam muitas orações, rezadas somente no coração das pessoas, não é mesmo?

E também expressam a realidade da vida, a vida dura do nosso povo que, no entanto, sabe viver essa dureza da vida à luz da fé, na luz de Deus e dessa Nossa Senhora que é uma Mãe que está junto dele. Depois, o caipira diz a Nossa Senhora: "Me disseram, porém, que eu viesse aqui para pedir de romaria e prece paz nos desaventos". Ele diz a Nossa Senhora: eu vim aqui pedir paz, me disseram que é para pedir paz nos desaventos. Essa palavra para mim é tão bonita: desaventos!

Mas, como não sabe rezar, ele diz: "Só queria mostrar meu olhar, meu olhar, meu olhar...". Ora, isso é muito forte, real e natural para quem observa os semblantes dos peregrinos que passam diante da Imagem de Nossa Senhora Aparecida no Santuário Nacional... Isso é mística pura, mística pura desse povo dizer: eu não sei rezar, mas eu vim mostrar o meu olhar. Ou seja, ele olha para a Mãe e mostra o seu olhar para que a Mãe olhe para ele, o Seu filho. Isso é exatamente o que o povo faz, isso exprime realmente o que a grande maioria vive quando vem para esse Santuário – e vem todos os anos –, para a casa de sua mãe do céu.

Então, penso que, de fato, os santuários, e nesse caso aqui o Santuário de Nossa Senhora Aparecida, têm um lugar muito importante no catolicismo. Muitas vezes se diz que hoje as grandes cidades precisam desses grandes acontecimentos e de grandes ajuntamentos de pessoas etc. O povo urbano tem necessidade disso. Mas também o povo perdido, o povo espalhado por esses interiores do Brasil, enfim, todos nós, indistintamente, temos uma necessidade muito grande de ir para algum lugar, de fazer uma caminhada, por assim dizer, para encurtar a distância entre nós e Deus. Cada um a seu tempo, pois temos o nosso tempo sempre, nós e todos eles, peregrinos de Nossa Senhora Aparecida. Então, nesse ir, nesse encurtar a distância, ele, peregrino, faz o seu esforço porque, primeiro, é Deus que encurta a distância, é Deus que vem a nós, é Ele que vem, também é Nossa Senhora que veio a nós e nos trouxe seu filho. Mas também o romeiro se sente na obrigação de fazer esse esforço de encurtar a distância, daí vai em peregrinação até Nossa Senhora. E, assim, encorajado por Maria, vai até Deus, encurta a distância para chegar ali, para dizer "eu estou aqui e preciso, tenho necessidade de Ti, meu Pai e minha Mãe".

Ora, algo assim é muito emocionante e determinante. Acho que faz parte da essência dessa fé, a fé que nós vivemos, a fé nesse Deus que nos ama, nesse Deus que veio a nós e que sempre vem quando O invocamos, esse Deus que nos ama a ponto de nos perdoar de todo o mal que fizemos. Para isso basta que voltemos o nosso olhar para Ele... O Papa Francisco nos diz que basta você olhar para Deus e dizer: "Senhor, eu estou aqui, eu preciso de Ti". Isso é muito forte, isso que acontece em toda essa ambientação de um Santuário e tudo o que ele significa na vida da fé do nosso povo.

Então, em poucas palavras, eu lhe expressei um pouco da experiência que vivi nesse tempo de vida desde que eu me conheço como pessoa, como filho de Deus e de Nossa Senhora. Depois também como bispo, enfim, nas várias dioceses por onde eu passei.

Dom Cláudio, o senhor, que viveu por um bom tempo no exterior, que trabalhou na Santa Sé, no Vaticano como prefeito da Congregação para o Clero, e que também andou por este mundo, peregrinou, pregou, participou de celebrações em diversos santuários em muitos países onde representou por inúmeras vezes o

Santo Padre, nos conte: o senhor vê esse mesmo amor, essa mesma força, essa fé, essa forte devoção mariana na intensidade da nossa gente em outros países, ou isso é uma característica do nosso povo brasileiro?

Dom Cláudio: Não, não é apenas característica do povo brasileiro. É claro, no Brasil a devoção mariana tem características próprias. Mas a devoção mariana, a presença de Maria, é uma presença concreta, viva, vivenciada em âmbito mundial, não apenas em teoria, em teologia, em mariologia. Sua presença no dia a dia da vida dos católicos é, por todo o mundo, bastante marcante. A Igreja tem uma dimensão mariana, como disseram muitas vezes os papas, o Concílio Vaticano II ensinou isso muito claramente ao mostrar a relação entre Cristo, Maria e a Igreja.

Maria não é um capítulo isolado na história cristã; Ela tem tudo a ver com Cristo e também com a Igreja. Quando você fala da Igreja, não pode deixar de falar de Maria; quando você fala de Jesus Cristo, não pode deixar de falar de Maria; e você só entende Maria sob a luz de Cristo e sob a luz da Igreja. Quem acompanha esse povo de Deus a caminho através da história é Maria, que o faz como Mãe e também como modelo de discípula de Jesus Cristo.

Então, essa devoção mariana, esse amor filial por Maria em suas mais diversas expressões e manifestações, você encontra em toda parte. Por isso existem os grandes santuários também pelo mundo afora, santuários marianos. Eu só queria nomear, por exemplo, o México e o Santuário de Nossa Senhora de Guadalupe.

Nossa Senhora de Guadalupe é outra manifestação da presença intensa e amorosa de Maria no coração dos fiéis. E é preciso dizer que o povo católico tem muita clareza de que Maria não é nenhuma deusa, de que Maria recebeu tudo de Deus. Ela mesma, no cântico "Magnificat", diz que foi Deus quem fez grandes coisas nEla. E é Deus que as faz, e não Ela, pobre e humilde serva. O povo sabe que Maria é uma grande intercessora junto a Deus, uma colaboradora de Deus na implantação de Seu Reino já aqui na Terra. Disso o povo tem ciência. Ouvimos pessoas não católicas dizendo assim: "Ah não, os católicos estão errados, pois adoram Nossa Senhora". Ora, a palavra "adorar" é muito complicada para o povo, porque essa palavra "adorar" para o povo em geral pode ter muitos sentidos, mas nós, católicos, sabemos que só se adora a Deus, porque adorar significa reconhecer que tudo vem dEle e tudo dEle depende, que toda a Graça vem dEle, que todo Bem vem dEle, que Ele é o fundamento e o Criador de todas as coisas. Isso é adorar. Ninguém de nós diz isso de Nossa Senhora. É claro, Nossa Senhora é a grande intercessora nossa, Ela é a Mãe que intercede por nós junto a Deus, porque Ela é a Mãe de Deus, por ser a Mãe do Filho de Deus feito homem. Então isso precisa ficar muito claro também, que nesses grandes santuários, aqui em Aparecida como também no de Nossa Senhora de Guadalupe, o povo não mistura essas coisas, não! O povo sabe muito bem que uma coisa é Deus e outra coisa é Nossa Senhora. Nossa Senhora é uma criatura de Deus, que foi salva por Deus.

Mas, dom Cláudio, eles não precisam ser teólogos para entender isso?

Dom Cláudio: Não, não, não! O coração mesmo diz isso! O coração do fiel católico mesmo diz isso no dia a dia. E depois não podemos nos esquecer do grande Santuário de Nossa Senhora de Fátima, em Fátima, que é um outro grande espaço místico de devoção à Virgem Maria. Assim existem outros tantos pelo mundo afora, grandes santuários marianos. Mas, volto a dizer, o que me impressionou verdadeiramente no Círio de Nossa Senhora de Nazaré, em Belém do Pará, é esse grande fenômeno de um povo que se sente acolhido, que se sente em casa, que sabe que na companhia materna, quando essa Mãe vem junto, eles estão muito protegidos e resguardados. Por intermédio dEla, eles têm muito mais intimidade com Deus, para não dizer até mais coragem e mais ousadia diante de Deus, porque a Mãe está junto deles. Eles sabem que estão bem quando a Mãe os acompanha para se encontrarem com Deus. Isso é muito claro para o povo no dia a dia.

Aparecida: sua história, sua importância para a Igreja e o tricentenário

Dom Damasceno, o senhor esteve por treze anos à frente da Arquidiocese de Aparecida e, certamente, já vivenciou muitas experiências de fé junto aos peregrinos e romeiros que visitam o Santuário. Fale-nos um pouco, também, da importância da devoção a Nossa Senhora Aparecida, como o senhor a vê e sente enquanto cardeal, padre e mesmo filho devoto de Maria, como o senhor mesmo já expressou publicamente por inúmeras vezes.

Dom Damasceno: Veja bem, dom Cláudio falou muito sobre essa expressão de "orar com o olhar", e eu vejo isso aqui praticamente todos os dias! Basta observar o romeiro ao passar diante da Imagem de Nossa Senhora Aparecida, aqui no Santuário. Realmente um simples olhar de filho, olhar que pode transmitir muitas coisas ao coração de Maria, nossa Mãe. Esse simples olhar de uma pessoa de fé pode dizer tudo. Não se diz no jargão popular que pelo olhar a gente conhece as pessoas? A sabedoria popular tem sentido, e como!

Fale-nos também como o senhor, sendo o arcebispo de Aparecida há mais de uma década, vê tudo isso, e como o senhor nos definiria isso de uma maneira bem tranquila. Fale-nos, como autoridade da Igreja, da importância da devoção mariana e do caso específico dessa grande devoção a Nossa Senhora para a fé do povo brasileiro.

Dom Damasceno: A devoção a Nossa Senhora faz parte da identidade cultural do continente latino-americano e, portanto, do Brasil. Desde o começo da evangelização no Brasil, os missionários pregaram o Evangelho aqui na Terra de Santa Cruz apresentando Maria como uma expressão da fé católica. Maria vinha sempre à frente deles, como a manifestação mais concreta da vivência do Evangelho de Jesus Cristo. Maria era, de certo modo, uma porta para os evangelizandos entrarem em contato com Jesus Cristo, o centro da nossa fé. É importante notar que, na história do continente latino-americano, Maria está presente desde o início. Ela está presente, de modo particular no Brasil, desde 1717, há trezentos anos. Estamos celebrando neste ano o tricentenário do encontro da Imagem de Nossa Senhora Aparecida. O povo denominou aquela Imagem da Virgem da Conceição de "Aparecida" porque ela "apareceu" das águas do rio Paraíba do Sul, onde, certamente, jazia havia tempos, para vir morar no coração do povo brasileiro e, como Mãe, interceder a Jesus por suas necessidades.

Quem batizou a Imagem com o nome de Aparecida foi o povo, que no início a conheceu e dela recebeu todo o amor e todo o carinho de Mãe. Nossa Senhora apareceu das águas no trabalho daqueles três pescadores: Domingos Martins Garcia, João Alves e Felipe Pedroso, no mês de outubro de 1717. Este é o primeiro milagre: ela ter se deixado apanhar nas redes daqueles pescadores. Isso foi providencial, e não um simples acaso. Presumindo que uma imagem quebrada certamente não teria nenhum valor para eles, o primeiro ímpeto natural seria jogá-la novamente no rio. Mas não, eles a "pescaram", a recolheram com muito respeito, uniram a cabeça ao corpo, perceberam que pertenciam à mesma Imagem, a Virgem da Conceição. Guardaram a Imagem no barco, envolveram-na em panos e, em seguida, já cansados, após terem labutado tanto sem pescar nada, lançaram mais uma vez a rede, talvez numa última tentativa. E qual não foi a surpresa deles ao puxarem a rede cheia de peixes! Cumpriram assim a tarefa que lhes tinha sido encomendada: conseguir peixes para a festa que estava sendo preparada em Guaratinguetá, pela passagem do conde de Assumar, em viagem para a capitania das Minas Gerais, em Mariana.

Este foi o segundo milagre, por intercessão de Nossa Senhora, naquele mesmo dia: a pesca milagrosa. Os pescadores levaram consigo a Imagem para casa, colocaram-na num oratório e, a partir daí, começou a devoção a Nossa Senhora invocada com o título de Nossa Senhora Aparecida. Essa devoção começou a crescer por causa dos milagres que foram acontecendo. Outro milagre, entre tantos, muito conhecido, é o milagre das velas.

As velas ali acesas e as pessoas, no oratório, diante da Imagem, rezando na casa de um dos pescadores. Não havia vento, mas as velas se apagaram. A zeladora se levantou para reacendê-las, mas as velas se acenderam por si sós. Sem nenhuma intervenção da zeladora. Com isso a devoção cresceu, o número de peregrinos e devotos aumentou até o ponto de ser necessário construir uma capela para acolher a Imagem e seus devotos. A capela foi edificada no chamado morro do Coqueiro, situado no centro da cidade de Aparecida. Entretanto, os romeiros iam aumentando cada vez mais, e já não bastava uma capela, fazia-se necessária uma igreja, que é a atual Basílica Velha, inaugurada em 1888.

1888 É O ANO DA ABOLIÇÃO DA ESCRAVATURA NO BRASIL

A basílica antiga, chamada Basílica Velha, foi se tornando pequena, pelo número de romeiros e devotos que acorriam a Aparecida. Fez-se necessário construir uma nova basílica, que é o atual Santuário. A pedra fundamental foi lançada em 1954, mas o início da construção se deu em 1955. Estamos celebrando 61 anos do início da construção do Santuário Nacional, cujo projeto é do arquiteto Benedito Calixto e que está em fase de acabamento no seu interior. Praticamente toda a parte artística interna é obra do artista sacro Cláudio Pastro, que faleceu em outubro de 2016, mas deixou prontos os desenhos das naves centrais do Santuário. Os desenhos estão aprovados, agora é só executá-los.

Nossa Senhora Aparecida foi proclamada Padroeira do Brasil em 1930, pelo Papa Pio XI. Em 1931, foi acolhida oficialmente como Padroeira do Brasil pelo governo e o povo brasileiros, quando o Rio de Janeiro ainda era a capital do nosso país. Na época, o presidente Getúlio Vargas, com todo o corpo diplomático, autoridades militares, civis, eclesiásticas e uma multidão de fiéis, celebrou uma grande festa no Rio de Janeiro para comemorar a proclamação de Nossa Senhora Aparecida, Padroeira do Brasil.

Não há Santuário mariano maior que o de Aparecida. Há outros grandes santuários marianos pelo mundo afora, mas, no Brasil, ele é o grande centro mariano, e por isso a cidade faz jus ao título de "capital mariana do Brasil". Há muitos romeiros que vêm a Aparecida por conta própria, mas hoje, cada vez mais, chegam ao Santuário romarias organizadas por paróquias, dioceses, movimentos apostólicos e associações, de modo que, atualmente, visitam o Santuário aproximadamente 12 milhões de romeiros ao ano.

Uma coisa marcante no Santuário é que essa tradição das romarias, da devoção a Nossa Senhora Aparecida, passa de pai para filho, de geração a geração. Por isso é comum encontrar no Santuário a presença muito grande de crianças acompanhadas de seus familiares, e isso é muito bonito; é uma catequese familiar vivenciada. Você não encontra por aqui muitos romeiros avulsos, sozinhos, pois geralmente eles vêm para cá com suas famílias, conhecidos e amigos.

O Santuário Nacional, além de ser o maior centro da devoção mariana no Brasil, é, sem dúvida, também um grande centro de evangelização, pelo atendimento espiritual que os missionários redentoristas dão aos romeiros. "Acolher bem também é evangelizar", esse é o lema que inspira o trabalho feito no Santuário pelos missionários redentoristas, religiosas e leigos. Aos romeiros são oferecidos diariamente vários horários de celebração eucarística, momentos de oração e a possibilidade da confissão com os sacerdotes que atendem no Santuário o dia todo, nos confessionários do subsolo da basílica. A disponibilidade de numerosos sacerdotes para atender aos que procuram o perdão de Deus no sacramento da confissão é uma das características de todo santuário, mas sobretudo do Santuário de Aparecida.

Dom Damasceno, corroborando o que o senhor acabou de nos contar, eu só queria fazer um adendo: posso testemunhar que isso é um fato. Eu nasci em Taubaté, cidade vizinha a Aparecida, e, desde pequeno, o meu pai e muitas outras pessoas que nós conhecíamos, uma vez por ano, vinham a Aparecida para se confessar. Eu nunca questionei o porquê disso, mesmo porque, naquele tempo, a gente não questionava os nossos pais, nem mesmo os mais velhos, mas algumas pessoas me diziam: "Eu venho aqui para me confessar", e depois, em seguida, elas comungavam, participando da missa, muitas certamente faziam ali a sua páscoa, cumprindo em Aparecida o preceito que a Igreja nos propõe de recebermos o sacramento da confissão e da comunhão ao menos uma vez ao ano. Aparecida era, pelo menos para minha cidade, Taubaté, o local onde muitos vinham para se confessar e fazer a sua páscoa anualmente.

Dom Damasceno: Justamente porque a romaria tem um sentido espiritual, tem um sentido penitencial.

Por isso os padres estão praticamente o dia todo se revezando nos confessionários, e são muitos os padres confessores à disposição dos fiéis. Os romeiros vêm ao Santuário com a certeza de que vão encontrar um confessor, um orientador espiritual. A romaria é uma ocasião de renovação espiritual: o romeiro se confessa, participa da eucaristia, comunga, se fortalece e revigora sua fé. O Santuário é um centro de evangelização, mas, hoje, com os meios de comunicação, com a Rede Aparecida de Comunicação, que dispõe de televisão, rádio, internet, jornal e revistas, essa evangelização se estende a todo o Brasil.

O Santuário é um grande centro evangelizador, mas não substitui o trabalho pastoral nas paróquias, nas pequenas comunidades, os movimentos apostólicos, o contato pessoal, enfim, todo esse maravilhoso trabalho evangelizador e pastoral que vem sendo feito pela Igreja no Brasil.

Celebramos o Jubileu dos 300 Anos do encontro da Imagem da Virgem da Conceição Aparecida. A celebração começou em outubro de 2016 para se concluir em outubro de 2017, de forma mais solene. O grande trabalho feito são as peregrinações da Imagem de Nossa Senhora às dioceses e às paróquias. Quantas dioceses prepararam cuidadosamente essa visita, essa peregrinação, levando a Imagem de Nossa Senhora aos presídios, às escolas, aos hospitais, às periferias mais pobres de suas dioceses, e com quanto entusiasmo e fervor esse povo acolheu a Imagem da Virgem. Todas as dioceses do Brasil se inscreveram para participar dessa peregrinação, acompanhada, quase sempre, de um ou mais missionários redentoristas, que se somaram aos padres da diocese, onde a Imagem chegou para promover uma grande missão evangelizadora – uma grande preparação espiritual, eu creio, da celebração dos trezentos anos.

Nas capitais, a visita da Imagem é transmitida pela TV Aparecida. De cada capital visitada colhemos uma pequena porção de terra para ser depositada na coroa, por sua vez colocada em Nossa Senhora na grande festa no dia 12 de outubro. Amostras de terra de todos os nossos estados passam a estar na coroa de Nossa Senhora Aparecida para a solene celebração do tricentenário, trazendo o Brasil todo até Aparecida e colocando-o sob a proteção de sua Padroeira e Rainha. Esse é um gesto, também, muito significativo que marca a celebração do jubileu!

Dom Damasceno, nos fale um pouco sobre a originalidade da Imagem encontrada no rio, sobre as pesquisas que artistas e demais profissionais já fizeram e quais conclusões tiraram da origem dessa Imagem tão venerada há trezentos anos.

Dom Damasceno: Os pesquisadores em arte sacra comprovam, por meio de estudos comparativos com outras peças, que essa Imagem de Nossa Senhora Aparecida data do século XVII e é obra de um artesão da época, frei Agostinho de Jesus. Ele modelou essa Imagem com rosto sorridente e mãos postas em oração, e alguns chamam atenção para o fato de que a figura representaria Nossa Senhora grávida. A Imagem de Nossa Senhora Aparecida foi esculpida no século XVII e jogada no rio Paraíba do Sul, próximo ao porto de Itaguaçu, provavelmente por alguém que estava em viagem e passava por essa região quando a peça se partiu em dois pedaços; e, como era costume fazer com imagens quebradas, por respeito e para não serem pisadas nem jogadas no lixo, o seu dono a jogou no rio.

Outro detalhe importante sobre a Imagem é que ela foi encontrada com sua cor escura por causa do lodo do fundo das águas do rio. Ela teria permanecido um tempo submersa e, com isso, adquiriu essa coloração. Outros, entretanto, atribuem a cor escura à fumaça das velas, que teria escurecido ainda mais a Imagem. Os pastoralistas e os teólogos, por sua vez, viram também na cor escura da Imagem uma mensagem de Nossa Senhora, um sinal da sua solidariedade com os escravos.

Um dos milagres atribuídos a Nossa Senhora é o da libertação do escravo que chegou a Aparecida acorrentado e que, ao se aproximar da Imagem, teve as correntes partidas, libertando-o. Isso aconteceu no período da escravidão. Nossa Senhora veio em socorro dos mais pobres, dos mais sofridos, dos escravos e trouxe uma mensagem de libertação, identificando-se com a cor negra, com os escravos.

Dom Damasceno, aproveitando que o senhor está falando em milagres, vou voltar à minha infância, perguntando-lhe sobre um milagre que sempre me deixou curioso e que está exposto na Basílica Velha. São aquelas marcas de ferradura na entrada. Explique para a gente se esse fato aconteceu ou é fruto do imaginário popular.

Dom Damasceno: Conta-se que um cavaleiro muito arrogante, prepotente, ao chegar à Basílica Velha quis entrar ali a cavalo, e as ferraduras do animal grudaram no piso, na entrada, de modo que ele não conseguiu entrar. As marcas das ferraduras desse cavalo estão expostas na Basílica Velha até hoje. Esse é também um outro milagre muito conhecido.

Sobre Bergoglio, o Papa Francisco: impressões, eleição e conferências

(V Conferência Geral do Episcopado Latino-Americano e do Caribe) com dom Cláudio e dom Damasceno

Dom Cláudio, antes de o Papa Francisco se tornar papa, li sobre a primeira vez que ele veio ao Brasil e a Aparecida, que era uma vontade que aparentemente ele já alimentava quando veio participar da V Conferência Geral do Episcopado Latino-Americano e do Caribe. O senhor fez parte do grupo de trabalho ao lado dele nesse evento. Fale-nos um pouco do Cardeal Bergoglio e da experiência dele em Aparecida, já que o senhor conviveu por semanas com ele, não foi?

Dom Cláudio: Sim, foram 26 dias de convivência diuturna. Naquela época eu já estava em Roma como prefeito da Congregação para o Clero, mas, por ser brasileiro e ter sido aqui arcebispo de São Paulo, eu também era membro dessa assembleia, da V Conferência Geral do Episcopado Latino-Americano e do Caribe. Então, por isso eu vim com o Papa Bento XVI para esse evento, que ele abriu.

Na conferência, encontrei-me com o Cardeal Bergoglio, Mario Bergoglio, arcebispo de Buenos Aires. Quando houve a definição das várias comissões que iriam trabalhar na conferência, o Cardeal Bergoglio acabou sendo eleito presidente da Comissão de Redação do Documento. E eu fui um dos membros dessa comissão, com mais um bispo e dois teólogos.

Qual era o papel dessa comissão? Ela tinha que recolher todo o material que se foi produzindo, aquilo que já tinha sido feito antes do início da conferência nas dioceses, mas sobretudo aquilo que estava sendo produzido durante a reunião em curso. Porque havia grupos, havia plenárias, enfim, havia discursos e outros documentos, opiniões, decisões etc. Ora, todo esse material era entregue a essa comissão da qual nós fazíamos parte. A missão dessa nossa comissão era conseguir organizar o material de tal forma que fosse um texto que tivesse o mínimo de sequência, de eixos, de lógica, enfim, para que pudesse ser votado depois na plenária. Quer dizer, era essa comissão que tinha que preparar o texto a ser levado ao plenário e depois ser votado.

Então, na verdade, a nossa comissão era a mais importante, e o Cardeal Bergoglio era o presidente dessa comissão. Aí se pode imaginar como ele, Bergoglio, presidente dessa comissão, exercia um papel fundamental na redação do documento conclusivo dessa V Conferência. Na convivência com o Cardeal Bergoglio pude perceber várias coisas das quais já tinha ouvido falar dele, mas eu nunca o tinha visitado em Buenos Aires e nem o conhecia mais de perto até então. Eu o conheci mais de perto nessa conferência, que durou quase 26 dias, período em que nós, portanto, estivemos juntos num trabalho muito complexo de redigir uma proposta de texto conclusivo. E aí fui aos poucos conhecendo o perfil do Cardeal Bergoglio.

Ele me impressionou, desde o início, por várias atitudes. Em primeiro lugar, pude perceber logo que era um homem de muita espiritualidade e de oração constante. Além disso, era muito discreto e muito humilde. Não levantava a voz, nem se impunha por qualquer coisa. Era um homem simples, mas muito inteligente e com grande capacidade de organização. Sim, percebi nele uma grande capacidade de organizar. No caso, organizar todo aquele material tão variado que nos chegava às mãos da parte da conferência reunida. Você pode imaginar comissões e mais comissões trabalhando e enviando o que cada membro disse, cada aparte ou voto em separado, o que cada comissão determinou, o que essa outra comissão declarou sobre o assunto, o que já foi dito sobre esse mesmo tema... Imagine a complexidade de documentos que precisava ser colocada em certa ordem. Como compor um texto com um mínimo de coerência? Esse primeiro esforço de organizar já ia inspirando quais seriam os grandes eixos que poderiam dar lógica ao documento. Acontece que tínhamos também dois teólogos, dos quais eu não lembro mais os nomes, e eles, claro, como teólogos, viam tudo isso com uma cabeça um pouco diferente da nossa. Eles viam os documentos sob uma perspectiva diferente. Tinham lá o seu esquema, como eles achavam que deveria ser a estrutura desse texto a ser entregue depois para a votação, e que, claro, tinha muita unidade. Porque, se você elabora sozinho um projeto, ele tem uma lógica, sobretudo se você é um homem que trabalha nisso há bastante tempo, como eles, que eram teólogos e professores.

Mas o Cardeal Bergoglio imediatamente começou a dizer não, não é por aí. E eu apoiava muito o Bergoglio porque sentia que ele tinha de fato muita clareza e muita experiência no assunto e muita humildade para propor as coisas como ele pensava. Ele disse não a qualquer esquema pré-fabricado. Defendia que devíamos ser fiéis ao que a assembleia estava produzindo e propondo. Devíamos receber o material que vinha da assembleia, organizá-lo e descobrir as grandes linhas ali contidas e que poderiam ser os eixos organizadores do documento. Foi uma das coisas que, naturalmente, ele teve que ir gerenciando durante aqueles dias todos. Assim, fui percebendo que ele tinha, e tem agora como papa, uma grande capacidade de trabalhar organizadamente, demonstrando assim um grande discernimento. É uma característica de jesuíta ter discernimento claro do que tem que ser feito. Certamente ele trabalhava muito durante a noite também. No redigir textos, ele tem um estilo bem fluente e envolvente. É o mesmo estilo dele agora como Papa Francisco. Uma capacidade de exprimir bem as coisas, com clareza até para o povo simples. Percebemos isso hoje vendo-o se expressar como papa sobre os mais diversos assuntos. Vemos hoje como ele tem imensa facilidade de desenvolver um tema, não apenas sobre as coisas essenciais, secas, lógicas. Em tudo ele coloca o pulsar de um coração humano.

Ele é um homem, é um coração humano que fala e um grande discípulo de Jesus Cristo. Então na comissão ele foi de fato redigindo o texto e o apresentava na comissão, aos poucos, para receber nosso parecer e finalmente enviá-lo para a votação na plenária da assembleia.

O que eu percebi nele foi isso: grande capacidade de organização e grande dom de discernimento. Outra coisa que percebi foi sua humildade: quando apresentava na plenária o texto que havíamos elaborado na comissão e a plenária julgava que ainda não estava bom, ele tinha a humildade de recolher o texto e refazê-lo na comissão. A plenária era soberana. Tudo isso ele fazia com muita simplicidade, mas também com muita determinação. Todos sentiam sua firmeza na condução dos trabalhos. No final, o texto apresentado fazia sentido. Tinha assim um fio condutor, um percurso muito bem conectado com as propostas diversas que nos chegavam às mãos. Não era uma coisa como um mosaico ou uma colcha de retalhos, não. Era algo que tinha lógica, sequência. Sim, o texto tinha sequência e consequência. Além disso, a gente foi percebendo que, nesses dias todos, ele também era muito atento ao povo que andava por aí, fato que o impressionou. Ele mesmo diria isso depois, já como papa, que uma das coisas que mais o impressionara aqui em Aparecida foi que, durante toda a V Conferência, ele via sempre um grande número de peregrinos, de romeiros aqui no Santuário. Nós estávamos trabalhando no subterrâneo do Santuário, era ali que estava sendo realizada a V Conferência, no subsolo. Acima de nós ficava o Santuário, e nele o povo que rezava por nós, pedindo que o Espírito Santo nos conduzisse, nos iluminasse. E realmente o Espírito Santo agiu muito nos corações e mentes dos participantes. O povo sabia que os bispos estavam ali reunidos, e que o que nós estávamos fazendo era uma coisa muito importante. Afinal, até o papa tinha vindo de Roma para abrir aquele encontro! Então esse povo rezava também pelos bispos e pelo bom êxito dessa conferência. O povo tinha participado já da preparação da conferência em suas paróquias, nas suas dioceses: portanto, tinha conhecimento, ou ao menos uma grande parcela daquele povo tinha conhecimento da temática, do que ali estava sendo discutido. Por isso Bergoglio disse que o que a ele impressionou muito foi essa ligação forte com os peregrinos e romeiros que rezavam muito por nós e conosco, durante todo o tempo, juntamente com Nossa Senhora, Nossa Senhora Aparecida. Foi isso que ele, já como papa, manifestou, até com certa comoção, em relação a essa conferência.

É verdade que já na CNBB, ainda antes da V Conferência, alguns dos temas fundamentais de Aparecida haviam sido elaborados e propostos, como, por exemplo, a questão missionária. Algumas coisas nesse sentido já existiam na CNBB. Essa questão missionária já estava presente nos documentos das últimas assembleias da CNBB naquele tempo. Até saiu um documento com o sugestivo título "Queremos ver Jesus". Essa questão do encontro pessoal com Jesus Cristo, do querer viver o discipulado de Jesus, querer ser missionários, uma Igreja missionária, enfim, isso já estava muito dentro dos documentos da CNBB e no coração dos nossos bispos brasileiros que participavam da V Conferência. E nós, responsáveis pela redação do documento a ser apresentado, batalhamos também em cima disso dentro da conferência.

Eu tenho a impressão de que isso tudo acabou ajudando também, quando no final se chegou a incluir, nas conclusões, a missão permanente, isto é, que devemos começar uma missão continental permanente. Isso já vinha sendo desenvolvido aqui no Brasil de alguma forma, e certamente outros países latino-americanos também já tinham vivido e trabalhado essa temática dos discípulos, dos missionários, do discipulado, desse encontro forte com Jesus Cristo para ser discípulo, e que todo bom discípulo deve se tornar missionário... Não era uma coisa que estava caindo do céu, assim do nada, não, mas era algo que já estava sendo vivido aqui na América Latina, na Igreja da América Latina. No Brasil, de um modo muito particular, a gente tinha participado disso naquela época.

Dom Cláudio, abrindo aqui um parêntese, eu gostaria de tocar num ponto que acho que é da curiosidade de muitos, que é a sua participação efetiva durante a eleição do papa, sentando-se ao lado dele no dia do conclave que o elegeu.

Dom Cláudio: Bem, você sabe que existe o segredo do conclave. Tudo o que ocorre ali dentro do conclave, onde estão confinados os cardeais eleitores e as outras pessoas – que são poucas, como os secretários, ou alguma outra pessoa que também está ali em uma função específica – está sob segredo pelo resto da vida. Nenhum de nós pode falar sobre o que ocorreu no conclave. Porém, é importante dizer que aquele cardeal que é eleito papa, a partir do momento de sua eleição, não está mais sujeito a esse segredo. Ele pode contar o que ocorreu ali dentro, ele pode, pois é o papa. Por isso eu apenas vou recontar o que o papa contou, pessoalmente, aos jornalistas credenciados. Aqueles que fizeram a cobertura do conclave, jornalistas do mundo inteiro, em torno de 500 a 600 profissionais. Representantes da imprensa mundial com quem o papa teve um encontro três dias após a sua eleição. Então, nesse encontro com jornalistas do mundo inteiro, o papa de repente disse: quero contar a vocês por que eu escolhi o nome Francisco.

Então ele contou aquilo que eu vou dizer agora, apenas repetindo o que ele disse aos jornalistas e que, portanto, já é público. Ele disse: "No último escrutínio, eu tinha ao meu lado o cardeal brasileiro dom Cláudio Hummes, que é um grande amigo meu, um grande amigo. E quando os votos começaram a convergir mais fortemente para o meu lado, ele me encorajava. E quando o número de votos chegou a ser suficiente para eu estar eleito papa, houve um grande aplauso na Capela Sistina da parte dos cardeais, e dom Cláudio então me abraçou, me beijou e me disse: 'Não se esqueça dos pobres'". E aí ele acrescentou aos jornalistas, falando sobre os pobres: "Aquela palavra entrou na minha cabeça e penetrou no meu coração. Daí eu comecei a pensar nos pobres... Disse comigo mesmo: há tanta pobreza neste mundo, tanto sofrimento, enfim, e aí imediatamente me veio à mente São Francisco de Assis, o santo dos pobres. Então eu decidi: é esse o nome, eu vou me chamar Francisco! E aí eu também me lembrei de que São Francisco de Assis é o santo da paz e é o santo do cuidado com a natureza". Foi o que o Papa Francisco contou aos jornalistas, mais ou menos com essas palavras, de maneira bem simples. De fato, ele acabou escolhendo esse nome. E no momento em que ele foi perguntado sobre como gostaria de ser chamado, disse que se chamaria Francisco. É claro que houve um impacto muito grande no mundo todo, no mundo todo. Muita gente dizia: "Mas, veja! Fulano de tal também dizia desejar que um dia um papa eleito escolhesse o nome Francisco". Só que, na verdade, não se tinha muita convicção de que isso um dia iria acontecer, porque chamar-se Francisco não era apenas um nome a mais, um nome como qualquer outro, não. Um papa que se chamasse Francisco teria um compromisso muito grande ao adotar esse nome, teria de seguir as pegadas de São Francisco! Então foi por isso que houve um grande impacto entre os cardeais e entre os jornalistas. Pelo mundo afora, chegou-se a dizer que talvez não fosse Francisco de Assis que tivesse inspirado o nome do papa, mas São Francisco Xavier, São Francisco de Borja, São Francisco de Sales. Mas então o papa mesmo confirmou pessoalmente que era, sim, São Francisco de Assis, por causa dos pobres.

E, de fato, desde o início de seu pontificado até hoje o espírito franciscano o inspira muito. Por exemplo, quando ele surge na sacada da Praça de São Pedro, diante da multidão, vem vestido apenas com aquela túnica branca. Algo inédito porque, naquela primeira aparição na sacada onde os papas eleitos se apresentam ao mundo voltados à Praça de São Pedro, eles sempre vieram, sim, de batina branca, mas tendo sobre os ombros um mantelete fino, vermelho, de seda, com arminho branco, chamado murça, e ainda com uma solene estola sobre os ombros, com cruz dourada no peito e sapatos vermelhos. Mas o Papa Francisco não apareceu assim. Ele apareceu simplesmente com a batina branca, com a sua cruz, a que sempre usou, e não é uma cruz dourada, e com seus sapatos pretos, e não vermelhos. Muito despojado, como ele sempre havia sido na Argentina. Assim mostrava como tudo tinha a ver com o nome que ele assumira, Francisco, inspirado em São Francisco de Assis. Provavelmente ele deve ter pensado: "São Francisco de Assis não usaria aquele mantelete vermelho fino, não. Ele não iria usar uma cruz dourada nem sapatos vermelhos". Não foi uma simples quebra de protocolo, mas uma coerência com o nome Francisco. Dessa forma, ele já estava reformando a figura do papa. Ele, Francisco, com os seus gestos iniciais, anunciava a grande reforma que hoje está fazendo no Vaticano.

Isso sem falar também na atitude, fora do protocolo oficial, de trazer o senhor junto dele para a sacada, onde todos, milhões e milhões de espectadores poderiam vê-lo pela mídia televisiva e pelas lentes dos fotógrafos. O senhor pode nos contar como foi que ele fez isso?

Dom Cláudio: Sim. O conclave já havia terminado. O conclave termina quando o novo papa eleito anuncia seu nome e aceita livremente sua eleição. Tudo assim terminado, começa-se a formar a procissão dos cardeais que levaria o novo papa até a sacada da Praça de São Pedro, para a apresentação ao povo. Foi nesse momento da formação da procissão, ainda na Capela Sistina, que Francisco, quebrando o ritual previsto, chamou primeiro o Cardeal Vallini, que é o cardeal vigário de Roma – assim titulado porque, na verdade, o papa é o bispo de Roma, mas já que, além de dedicar-se à diocese romana, deve dedicar-se à Igreja no mundo todo, ele tem um cardeal que o ajuda na diocese de Roma, o cardeal vigário –, e depois chamou a mim, dizendo: "Venha, Dom Cláudio, você também. Quero que esteja comigo neste momento". Era uma quebra do protocolo, porque, segundo o ritual, os únicos que caminham nessa procissão ao lado do novo papa são seus cerimoniários litúrgicos. Por isso eu também fiquei sumamente surpreso, é claro, mas, ao mesmo tempo, também muito feliz, pois era uma grande consideração para comigo ser chamado por ele para lhe estar ao lado. Foi tudo muito espontâneo e fraterno, numa informalidade incomum e naquela simplicidade franciscana.... Porque a gente imagina que um papa recém-eleito deve estar muito tenso, talvez até preocupado e concentrado naquilo que deveria fazer, segundo a tradição e o protocolo. Mas não! Ele agiu com a simplicidade do seu cotidiano. Com a surpresa, eu havia esquecido meu barrete no lugar onde estava sentado. Ele mesmo então me disse: "Você esqueceu seu barrete. Vá buscá-lo". Assim, com toda a serenidade e cordialidade. Daí o papa fez outra coisa que não estava no *script* ou não fazia parte do cerimonial. Ele disse para nós dois, cardeais – Cardeal Vallini e eu, que já estávamos ao lado dele: "Vamos, lá fora, entre a Capela Sistina e a praça, tem uma capela; vamos ali rezar um pouco". Quando nós três começamos a sair sozinhos da Capela Sistina em direção à dita capela, chamada Capela Paulina, com certeza todos os cardeais presentes se perguntavam aonde estávamos indo e o cerimonial ficou confuso, pois não sabia como agir para organizar a procissão. Nós saímos e fomos à capela. Ali o Papa Francisco sentou-se e ficou muito quieto, muito concentrado, durante vários minutos. Mais tarde, numa entrevista a um jornalista, ele contaria um pouco do que se passara em sua cabeça e em seu coração naqueles momentos ali na Capela Paulina. Eu e Cardeal Vallini ao lado dele, também rezando por ele. De repente ele se levanta e nós nos levantamos também com ele. Daí a procissão já tinha se organizado, estava formada, aguardando o papa e nós ao lado, e à nossa frente vinham todos os cardeais. Assim chegamos à sacada da praça. Nós dois permanecemos ao lado dele, o que era totalmente fora do protocolo. Foi por isso que acabei aparecendo ao lado de Francisco para o mundo todo. Interessante destacar que o papa apareceu ali na sacada para saudar o povo com braços abaixados. Ele olha para o povo por uns momentos em silêncio, enquanto lá embaixo uma banda estava tocando um hino. O papa esperou que a música parasse. Permaneceu ali, de braços abaixados, somente olhando o povo.

Muitas pessoas se perguntaram depois por que ele esperou aquele tempinho ali, em silêncio, sem fazer um gesto sequer. Quando a banda terminou, ele levantou o braço direito e clamou, em italiano: "Buona sera!".[4] Aí a praça toda explodiu de alegria. Foi aquela manifestação estrondosa que o mundo todo viu pela tevê. Antes de o papa chegar à sacada, estava chovendo na praça. Todo aquele povo comprimido estava debaixo de seus guarda-chuvas. Chovia forte. Mas, alguns minutos antes de o papa aparecer, a chuva parou, os guarda-chuvas foram fechados e todos puderam vê-lo.

Outra coisa que chamou atenção do povo e da imprensa enquanto se esperava a fumaça branca naquela tarde foi uma gaivota que pousou e ficou em cima da chaminé de onde sairia a fumaça. Ficou pousada ali por muito tempo. Ia e vinha. Até quando a fumaça branca saiu pela chaminé. Veja que essa imagem com a gaivota ali correu o mundo todo. Depois comentou-se muito se não era um certo símbolo de Deus que estaria ali, aguardando o desfecho. Uma gaivota que parecia consciente de estar sendo observada ali por pessoas do mundo inteiro. Tudo pode ter sido coincidência, mas também pode se lhe dar um sentido maior. Outro detalhe muito impressionante foi a forma como o papa saudou o povo naquela noite. Ele não disse nenhuma vez que era o papa, mas sim: "Eu sou o novo bispo de Roma". E todos nós, católicos, sabemos que o bispo de Roma é o papa, mas ele não disse isso. Naquela

---

4. "Boa noite!".

noite ele não disse. Ele se apresentou dizendo: "Eu sou o novo bispo de vocês, o novo bispo de Roma". Depois, para concluir o inusitado, ele pediu a bênção do povo dizendo que precisava também que o povo rezasse por ele e o abençoasse, e ainda se inclinou e durante um momento de silêncio aguardou a bênção do povo. Naquele momento se fez um grande silêncio, um silêncio absoluto e total naquela praça com milhares de pessoas ainda eufóricas. Foi impressionante. Esse povo rezou pelo papa e foi assimilando tudo o que ele disse na sua simplicidade, naquela noite inesquecível, que marcou o início de seu pontificado.

Nos dias seguintes, Francisco continuou a surpreender a todos. Numa certa circunstância, nós, cardeais, e o papa, para sair do Palácio Apostólico em direção à Casa Santa Marta, precisávamos descer ou de elevador ou pelas escadas para a Praça San Damaso. O natural seria o papa descer somente acompanhado de seus cerimoniários pelo elevador e nós, os cardeais, em seguida, pelo elevador os que tivessem dificuldades e os outros pelas escadas mesmo. Mas o papa na hora disse: "Não, eu vou descer com os cardeais". E ele foi junto, no mesmo elevador. Descemos e lá embaixo, na praça, estavam os ônibus que nos levariam até a Casa Santa Marta. Também estava ali um carro grande, bonito, confortável, enfim, pomposo, esperando para levar o papa. Era o carro oficial que os papas anteriores usavam, carro com motorista em traje de gala, como prescrito no cerimonial pontifício. Então Francisco olhou para o motorista, assim, quase que pedindo desculpas, e disse: "Olha, eu vou aqui junto com os cardeais no ônibus". Foi muito surpreendente! Deixou todo mundo sem saber o que fazer, nem o que dizer, afinal aquele era o novo papa, e quem iria contestá-lo? Ele então entrou calmamente num dos ônibus e sentou-se entre os cardeais, ao lado do cardeal dom Damasceno. E aí eu acho que você devia perguntar a dom Damasceno como é que foi essa viagem de volta à Casa Santa Marta.

Dom Damasceno, o senhor, como cardeal eleitor do papa, participou dessa eleição. Conte-nos como todos aqueles outros cardeais viram essa sequência de quebra de protocolo, qual foi a sua impressão, o que o senhor sentiu, enfim, como é que foi aquele momento, para o senhor?

Dom Damasceno: Foi uma surpresa para todos, como acaba de nos contar dom Cláudio. Primeiro, pela escolha do nome: Francisco. Durante toda a história dos papas, nenhum havia escolhido esse nome, foi algo totalmente inesperado. Depois, a maneira como ele cumprimentou os cardeais após eleito. O novo papa, após a sua eleição, é interrogado se aceita o cargo e qual nome escolheu. Em seguida, retira-se e volta com as vestes papais para receber os cumprimentos dos cardeais. Não sei se dom Cláudio se recorda, o Papa Francisco não se sentou, ele foi cumprimentando cada um com um aperto de mão e um abraço fraterno. E depois se dirigiu à Basílica de São Pedro, para aquela sacada cujo nome é Loggia São Pedro, para se apresentar à multidão aglomerada em frente à Basílica.

Quando foi anunciado o nome do novo papa, alguém que estava na praça em meio à multidão disse-me que os jornalistas que estavam cobrindo o conclave se perguntavam: "Quem é esse Cardeal Bergoglio?". Foi uma surpresa total. As apostas e os palpites estavam voltados para os chamados "papabiles"[5], e não para o Cardeal Bergoglio. Há um ditado entre os romanos que diz: "Quem entra papa no conclave sai cardeal". É bom lembrar aqui que a intervenção do Cardeal Bergoglio, numa das Congregações Gerais que antecederam o Conclave teve grande repercussão entre os cardeais. Ao descrever o perfil do futuro papa, o Cardeal Bergoglio disse: "Um homem que através da contemplação de Jesus Cristo e da adoração de Jesus Cristo, ajude a Igreja a sair de si para as periferias existenciais, que a ajude a ser mãe fecunda, que vive da doce e confortadora alegria de evangelizar".

O Papa Francisco se apresentou ao povo de maneira muito simples, que imediatamente cativou a todos. Pediu para rezarem por ele, pediu a bênção ao povo e, com muita simplicidade, disse: "Estou vindo lá do fim do mundo... os cardeais me elegeram bispo de Roma". Há vários decênios que um cardeal de uma ordem ou congregação religiosa não era eleito papa. Os últimos papas vieram do clero diocesano, desde Pio IX. Agora é eleito o primeiro papa jesuíta na história da Igreja. Como dom Cláudio contava, após sua apresentação ao povo reunido na Praça de São Pedro o Papa Francisco

5. *Papabiles* (ou "papáveis") são os cardeais favoritos na eleição de um novo papa.

retornou à Casa de Santa Marta, onde estava hospedado com os cardeais durante o conclave, em vez de se dirigir ao Palácio Apostólico, residência oficial dos papas. No almoço com os cardeais, na Casa Santa Marta, no primeiro dia de seu pontificado, ele fez a oração antes da refeição e disse, sorrindo, em tom de brincadeira: "Bem, eu vou começar perdoando aos senhores cardeais o pecado que cometeram, de terem me elegido papa". Na tarde desse mesmo dia, ele dispensou o carro oficial e o motorista e foi de ônibus da Casa Santa Marta para a Capela Sistina, a fim de celebrar a Santa Missa com os cardeais. Os cardeais já estavam no ônibus que os levaria à Basílica, eu estava sentado sozinho no banco da frente, atrás do motorista. Os bancos de trás estavam todos ocupados pelos cardeais. De repente, para surpresa de todos, aparece o Papa Francisco na porta do ônibus! Ninguém imaginava que ele iria de ônibus conosco. Entrou no ônibus, foi aplaudido e veio espontaneamente sentar-se ao meu lado. Você pode imaginar que grande emoção eu senti. Aproveitei para começar uma conversa. O diálogo foi muito rápido e simples, porque o trajeto entre a Casa Santa Marta e a Basílica São Pedro é curto. Deu tempo apenas para felicitá-lo e dizer: "Santo Padre, quero convidá-lo para vir a Aparecida", e ele me respondeu: "Eu tenho muita vontade de voltar a Aparecida". "O senhor gostou muito de Aparecida", continuei eu, "e seria uma oportunidade para rever os romeiros e recordar os vinte dias passados durante a V Conferência". Isso é o que eu me lembro dos primeiros contatos com o Papa Francisco após sua eleição.

O Cardeal Bergoglio não era uma pessoa da mídia, era uma pessoa mais reflexiva, devotada ao seu trabalho de pastor, por isso o seu nome não aparecia entre os "papabiles". Pessoas que o conheciam disseram que, após sua eleição para papa, ele se tornou mais comunicativo, mais alegre. O próprio Papa Francisco explicou a razão dessa mudança. Ao ser eleito papa sentiu uma grande paz no coração e viu nessa experiência interior um sinal da vontade de Deus manifestada pelos cardeais que o elegeram. Ao fazer esse discernimento diante de Deus, aceitou a missão que lhe foi confiada e se entregou com total generosidade e alegria ao serviço da Igreja e do mundo.

Em relação à V Conferência, lembro-me de que os bispos argentinos ficaram hospedados no hotel Marge. No último dia da conferência, fui convidado para o jantar de despedida dos bispos argentinos. Cheguei ao hotel e quem estava à porta, me esperando para começar o jantar: o Cardeal Bergoglio! Esse gesto revela a simplicidade, a bondade, a consideração e a atenção do Cardeal Bergoglio para com as pessoas, características de sua personalidade.

Dom Cláudio: Mas, dom Damasceno, a minha curiosidade é a seguinte: todos nós sabemos que uma viagem internacional de um papa sempre é precedida de todo um protocolo e que todo o cerimonial é previamente preparado por um ou dois anos. Eu, quando vivi em Roma como prefeito da Congregação para o Clero, acompanhei mais proximamente o trabalho daquelas pessoas ligadas a esses preparativos protocolares. Logo, o gesto dele de quebrar o cerimonial e vir até Aparecida foi para o mundo, com certeza, uma alegria para todos, e mais uma quebra inusitada e inesperada das normas – o fato de ele sair do Rio, do protocolo definido há tempos, e vir para Aparecida. Como aconteceu isso? Qual foi o poder de influência do senhor? Ou foi a mão de Deus? Quem fez o papa vir a Aparecida sem estar programado?

Dom Damasceno: Como disse anteriormente, eu havia convidado o papa para vir a Aparecida, e aguardava ansioso a confirmação de sua visita. Ele confirmou oficialmente sua vinda a Aparecida numa audiência com a presidente Dilma Rousseff, em Roma, por ocasião da cerimônia de início do pontificado do Papa Francisco. A presidente esteve com ele e conversou sobre a Jornada Mundial da Juventude, a realizar-se na cidade do Rio de Janeiro no mês de julho. Nessa audiência, o papa disse à presidente: "Eu irei também a Aparecida". Logo que essa notícia saiu a público, fui entrevistado pela Rádio Vaticano, que divulgou a novidade para o Brasil e para o mundo.

Após a confirmação da visita a Aparecida, começamos o trabalho de preparação para receber o Santo Padre. Havia ainda certa resistência à visita a Aparecida por parte de alguns, que diziam: "O papa vai a um país somente para uma finalidade, e no Brasil vai ao Rio de Janeiro, para a Jornada Mundial da Juventude. No dia da viagem prevista a Aparecida, antes da Jornada Mundial da Juventude, chovia muito, o que dificultava o deslocamento do Rio a Aparecida, que deveria ser de helicóptero, como previsto. O mau tempo desaconselhava essa viagem, porém o papa não desistiu da sua peregrinação. Foi de avião até São José dos Campos e de lá voou de helicóptero até Aparecida.

E alguém, comentando comigo a viagem do papa a Aparecida, falou: "O papa disse que, se não puder ir de helicóptero nem de avião, irá nem que seja de ônibus". Ele veio como romeiro de Nossa Senhora Aparecida, para colocar sob sua proteção a Jornada Mundial da Juventude. Antes da celebração eucarística, rezou diante da Imagem de Nossa Senhora Aparecida na Capela dos Apóstolos, a capela que está atrás do trono da Padroeira e à qual se chega por elevador. Após a celebração eucarística, o Papa Francisco, em carro aberto, se dirigiu ao Seminário Maior Bom Jesus, para o almoço. No trajeto da Basílica ao Seminário, o Papa foi aclamado por uma multidão que o aguardava ao longo do caminho, pelo centro da cidade, onde deveria passar. Antes de deixar Aparecida, me pediu várias cópias da imagem de Nossa Senhora para dar de presente aos funcionários da Casa de Santa Marta. Ao chegar ao Rio de Janeiro ele não encontrou as gravuras e não ficou tranquilo enquanto elas não chegaram a suas mãos.

A réplica da imagem de Nossa Senhora Aparecida que dei de presente a ele, antes da celebração eucarística, ele levou até o Rio de Janeiro, e do Rio de Janeiro até Roma. "Esta vai comigo no avião", acrescentou o papa.

Ele nos deu exemplo, em todos os momentos de sua permanência em Aparecida, de respeito e apreço pela piedade popular: tocar com as mãos na Imagem, acolhê-la nos braços, beijá-la, levá-la consigo juntamente com as gravuras de Nossa Senhora Aparecida para os funcionários da Casa de Santa Marta. São gestos simples, espontâneos, que expressam seu amor à Virgem Maria e o valor que ele dá à piedade popular.

O documento conclusivo da Conferência Geral dos Bispos da América Latina, em Aparecida, foi feito por uma comissão presidida pelo Cardeal Bergoglio. Esse documento afirma que "a prática da piedade popular é uma riqueza do povo latino-americano e é um ponto de partida para conseguir que a fé do povo amadureça e se faça mais fecunda".

Dom Damasceno, uma demonstração de carinho e de atenção a Nossa Senhora se deu quando a Imagem da Aparecida foi levada aos Jardins do Vaticano para ser ali uma presença visível e permanente da devoção brasileira à mãe de Jesus. O senhor tinha a expectativa de que o Papa Francisco estaria presente nessa solenidade? Conte-nos como foi isso, a surpresa de ele aparecer no evento e aquele discurso lindo que, naquele momento, o papa fez.

Dom Damasceno: O Papa Francisco, quando lhe fiz o pedido de levantar um monumento a Nossa Senhora Aparecida nos Jardins do Vaticano em comemoração dos trezentos anos do encontro da Imagem no rio Paraíba do Sul, gostou da ideia e a aprovou imediatamente. Procurei o Cardeal Bertello, governador do Estado do Vaticano, a pedido do Papa Francisco, que prontamente se colocou à disposição para colaborar com a edificação do monumento nos Jardins do Vaticano. Convidei o embaixador do Brasil junto à Santa Sé e, com mais um padre indicado pelo Governatorato, fomos juntos escolher o local onde deveria ser edificado o monumento a Nossa Senhora Aparecida. De três lugares sugeridos, escolhemos um e começamos a trabalhar. O projeto foi executado por uma empresa italiana, a Arte Poli, que tem sede em Verona, mas possui um escritório de representação em Roma. A obra é uma criação do saudoso artista sacro Cláudio Pastro. O monumento representa o encontro da imagem da Virgem da Conceição Aparecida no rio Paraíba: a barca, as ondas, os três pescadores, uma rede tecida de peixes e no alto a imagem de Nossa Senhora Aparecida. A escultura é toda em bronze, com a imagem da Virgem em dourado. O artista Cláudio Pastro fez mais duas réplicas desse monumento com algumas modificações. Uma foi colocada no Santuário Nacional, no setor noroeste da Basílica, e outra nos jardins da sede da CNBB, em Brasília. O monumento no Vaticano quer expressar comunhão com o sucessor de Pedro; em Aparecida, homenageia o lugar onde está o seu Santuário Nacional; e na sede da CNBB o monumento quer ser sinal de comunhão do Santuário com a Igreja no Brasil.

A presença do Papa Francisco não era esperada na bênção e inauguração do monumento nos Jardins do

Vaticano. Ao chegar a Roma, antes da cerimônia, o papa me chamou e disse: "Estarei lá amanhã para a inauguração do monumento a Nossa Senhora Aparecida".

O comparecimento do Papa Francisco tomou a todos de surpresa. Com sua inesperada presença, acabei eu mesmo abençoando o monumento. Após a bênção, o Santo Padre dirigiu breves palavras aos presentes, recordando os pobres, as vítimas da violência em todo o mundo, a preocupação com a situação do Brasil, e lembrou também a promessa que havia feito de voltar a Aparecida em 2017, mas acrescentou: "Não sei se será possível". E, referindo-se ao monumento, disse: "Agora ela está mais próxima de mim".

Mais tarde o papa me confirmou que não iria mais a Aparecida porque queria dedicar mais tempo às "visitas *ad limina*", visitas que os bispos de todo o mundo fazem ao papa a cada cinco anos.

Dom Cláudio, certa vez eu ouvi uma pregação do senhor sobre imagens, quando o senhor afirmou que Deus se fez imagem para que nós pudéssemos visualizá-lo. O senhor poderia nos falar sobre essa questão de imagens em nossa fé católica?

Dom Cláudio: Sim, porque a questão das imagens, na Bíblia, está presente no Antigo Testamento, em que Deus proíbe os hebreus de fazerem imagens. Em primeiro lugar precisamos entender que naquela época havia o politeísmo, ou seja, o paganismo que adorava imagens, deuses, imagens fabricadas por suas próprias mãos e que eles adoravam como deuses e deusas. Eram muitos deuses, um para cada situação. Então, na Bíblia, Deus proíbe o povo hebreu de fazer imagens para assim educar esse povo escolhido por Ele. De fato, Deus, com essa proibição, tinha a intenção de fazer com que eles vissem nEle um ser transcendente que não pode ser representado como se fosse um ser humano ou qualquer ser criado, qualquer ser natural aqui do universo, muito menos feito pelo próprio homem. Mas, sim, que Ele é o ser transcendente, que é Deus, que envolve tudo, que criou todo o universo. Então essa foi uma iniciativa muito pedagógica da parte de Deus: afastar o povo eleito da idolatria de imagens, porque todas as outras religiões pagãs tinham as mais diferentes imagens que eram adoradas como deuses. Porém, quando Deus, na plenitude dos tempos, como diz o Novo Testamento, nos envia o Seu próprio Filho como Messias Salvador, este Filho Se faz homem, toma um corpo humano, torna-Se ao mesmo tempo verdadeiro Deus e verdadeiro homem. Jesus Cristo torna Deus visível aos nossos olhos. São Paulo Apóstolo diz que Jesus Cristo é a imagem visível de Deus invisível. Desse modo, Ele é, na verdade, uma figura que você pode ver, que você pode apalpar, que você pode medir; enfim, alguém tangível. É um corpo que está aí aos olhos do povo. Corpo que é o próprio Filho de Deus feito homem. A partir daí não se fala mais da proibição de fazer uma imagem de Deus. Nos Evangelhos, em nenhum lugar se fala dessa questão das imagens, nem nos demais textos do Novo Testamento. E com razão, pois a questão estava superada desde o momento em que o Filho de Deus se faz homem, assume um corpo humano. Então é preciso que entendamos isso muito bem. Deus realmente Se encarnou. Jesus é ao mesmo tempo Deus e homem. A partir daí a questão das imagens se desvanece, não se fala mais nela. É verdade que nos primeiros séculos do cristianismo houve um movimento do assim chamado iconoclasmo, um movimento dentro da Igreja que era contra as imagens, e houve muita destruição de imagens, mas a Igreja se posicionou claramente contra o iconoclasmo, em nome da verdade de que o Filho de Deus Se fez homem, assumiu um corpo, que podemos ver. Nós hoje fazemos imagens, claro, de Jesus Cristo... o crucifixo, por exemplo, em que Jesus está pendurado naquela cruz. Nós fazemos imagens de Jesus Cristo e fazemos imagens também de santos e de santas. Mas nós não adoramos essas imagens. Adoramos a Jesus Cristo, mas não as imagens que o representam. Não adoramos os santos e muito menos suas imagens. Essas imagens são veneradas na Igreja porque nos lembram os santos, mas não são adoradas pelos católicos. Aliás, a Igreja Católica proíbe adorar imagens, ensinando que adoramos somente a Deus. Podemos comparar as imagens de santos com as fotografias ou mesmo estátuas de nosso pais e parentes ou gente célebre que queremos recordar e homenagear. Essas fotos ou imagens nós as colocamos num lugar de honra em nossa casa ou na praça. Mas isso não significa que as adoramos como adoramos a Deus. É preciso acrescentar que nós reconhecemos que os santos, especialmente Maria Santíssima, são grandes intercessores nossos junto a Deus, por isso rezamos a eles para que intercedam por nós, mas sabemos que todo bem, toda graça e salvação somente vêm de Deus através de Jesus Cristo. Mas não rezamos somente aos santos. Rezamos também diretamente a Deus Pai, como Jesus nos ensinou no Pai-Nosso, e rezamos a Jesus, que Ele, o Filho, é o único mediador entre Deus Pai e os homens. Os santos todos e também Maria Santíssima são criaturas de Deus, e não deuses. Maria Santíssima o proclama claramente no Evangelho, em seu cântico "Magnificat", no qual diz que Deus fez grandes coisas nEla, humilde serva do Senhor. Ela para nós é um modelo de discípula, de missionária, e também uma grande intercessora, porque Ela é a mãe de Jesus Cristo. Então Ela tem uma força mediadora muito grande. E nós, a Igreja Católica, através de seus concílios, temos sempre insistido que Ela se associou de modo muito singular e único à morte de Jesus Cristo. Por essa razão, tem papel muito significativo na história da Salvação. Mas tudo o que Ela tem, recebeu de Deus; enfim, tudo que Ela é provém de Deus. Ela foi salva pela morte e Ressurreição de Jesus Cristo, como todos nós fomos salvos pela morte e Ressurreição de Jesus Cristo. Então é nesse sentido que nós não A adoramos, pois adoramos somente a Deus. Nós, sim, veneramos os santos e as santas, e veneramos de uma maneira particular Nossa Senhora porque Ela é a Mãe de Jesus Cristo, e porque Ela está associada muito fortemente a essa obra da salvação de Jesus Cristo. Mas não foi por méritos dEla que nós fomos salvos. Nós fomos salvos somente pelos méritos de Jesus Cristo.

Dom Cláudio, muitas vezes os próprios teólogos olham para o terço como uma oração extremamente simples, extremamente repetitiva e extremamente monótona. Eu ando pelo Brasil e vejo que o terço é uma grande força no meio do povo. Eu queria que o senhor, como cardeal, como sacerdote, como um homem de coração mariano, em poucas palavras definisse qual é a relação existente entre o terço e a nossa fé católica?

Dom Cláudio: O terço é uma das tradições mais enraizadas no povo católico do mundo inteiro, sobretudo nos últimos séculos. Nossa Senhora de Lourdes e Nossa Senhora de Fátima nos falam explicitamente da oração do terço e a valorizam muito. Os papas também, particularmente os últimos papas, de que nós temos os documentos, têm insistido na oração do terço. O valor dessa oração começa no fato de que, na verdade, tudo o que se reza e se medita durante o terço ou o rosário de Nossa Senhora é bíblico. A oração da Ave-Maria, toda a primeira parte dela é bíblica, são textos da Bíblia, retirados dos Evangelhos. A segunda parte é a devoção da Igreja para com Nossa Senhora: "Santa Maria, Mãe de Deus, rogai por nós, pecadores, agora e na hora de nossa morte". O Pai-Nosso nos foi ensinado por Jesus Cristo. O Creio em Deus, oração pela qual a gente começa a reza do terço, é o símbolo dos apóstolos que resume toda a nossa fé, a nossa fé bíblica e evangélica. Todos os mistérios do terço, assim chamados, são uma sequência lógica dos momentos mais importantes da vida de Jesus, de Maria e do início de nossa Igreja, como consta nos Evangelhos e na tradição da Igreja. Então, em primeiro lugar, devemos compreender todo esse aspecto bíblico, pois o terço ou o rosário são orações muito bíblicas. Os mistérios meditados, cada oração proferida, tudo provém da Bíblia. O Glória ao Pai, ao Filho e ao Espírito Santo também é bíblico, porque professa e glorifica a santidade das três Pessoas da Santíssima Trindade. Em segundo lugar, a oração do terço é muito catequética, porque nos ajuda, enquanto a vamos recitando, a relembrar todos aqueles mistérios da vida terrena de Jesus Cristo e de Maria Santíssima; enfim, mantém vivo em nós o grande mistério da Salvação. São os grandes mistérios fundamentais da nossa fé que refletimos e meditamos com Maria. O Papa São João Paulo II nos dizia isto: "No terço, nós, juntamente com Maria, vamos meditando e relembrando tudo isso: a história da Salvação". É, portanto, uma catequese permanente, uma renovação constante dentro de cada um de nós, de todas as verdades que aprendemos na catequese. Por isso digo que é importante que as mães ensinem aos filhos a oração do rosário ou pelo menos o terço. Os filhos, com isso, irão se aprofundando nesses mistérios, nessas verdades evangélicas e bíblicas. Esses mistérios que meditamos no rosário farão com que as crianças e os jovens comecem a se perguntar e a se aprofundar para saber o que eles aprenderam com essa oração repetitiva, mas meditativa e reflexiva. O costume de rezar o terço fará com que continuemos pela vida afora a nos manter em contato com as grandes verdades da nossa fé e com a obra de salvação que Jesus Cristo realizou em nosso favor. Assim, o terço é uma catequese muito profunda, muito popular e muito prática, porque ela é repetitiva. Esse caráter repetitivo não funciona apenas como catequese, faz também com que entremos num ritmo de oração. Toda oração tem um ritmo psicológico, um ritmo místico, que não é a secura da matemática ou a secura da química, por exemplo. Não! A oração tem em si um ritmo e precisamos entrar nesse ritmo. Quando a gente canta, por exemplo, repetimos as estrofes do cântico constantemente, e assim aquelas palavras tomam corpo, se tornam presentes dentro de nós, de nossa mente e de nosso espírito. A oração repetida não nos cansa porque, por meio dela, entramos num certo ritmo místico de concentração em Deus e nas coisas de Deus, e de olhar o mundo com os olhos de Deus. Isso é muito belo e muito saudável para a humanidade. A oração também significa que eu não olho somente para Deus, eu também olho para o mundo, só que eu olho para o mundo com os olhos de Deus. Isso o Papa Bento XVI chamava de contemplação. A contemplação, no fundo, consiste em olharmos o mundo e as demais coisas com os olhos de Deus, imaginando como é que Deus vê o mundo, a natureza, a história, os fatos etc. Então a oração também tem isso, esse contemplar o mundo, ou seja, observar o mundo com os olhos de Deus. Então o terço é uma oração muito rica e, por isso, o Papa Francisco diz que ele também reza o terço e gosta muito de fazê-lo.

Dom Damasceno, naturalmente há uma relação íntima entre o terço e Nossa Senhora Aparecida. Esses trezentos anos certamente são trezentos anos de recitação do terço, não só no Santuário, na capela desde o começo, mas também nas casas dos romeiros e romeiras. Como cardeal, nesses seus treze anos à frente do Santuário, também como sacerdote e até mesmo como devoto mariano, como o senhor vê a oração do terço e essa relação com o povo, particularmente o povo mais simples?

Dom Damasceno: Dizia-se no passado que o terço é o breviário do povo. Breviário, ou Liturgia das Horas, é a oração que os padres e religiosos devem rezar todos os dias. O Breviário era rezado em latim. O povo, devido às suas múltiplas ocupações diárias, rezava geralmente uma oração mais breve, o rosário. Hoje, sabemos que muitos padres rezam parte da Liturgia das Horas com os seus fiéis.

A oração do terço ou do rosário é um exercício de piedade muito antigo entre as famílias. Era comum rezar o terço na matriz, nas capelas e nas famílias. Essa tradição da oração do terço está retornando agora com maior intensidade com o movimento chamado Terço dos Homens e, mais recentemente, o Terço das Mulheres. Cada vez mais homens e mulheres se reúnem em sua igreja paroquial, em sua capela ou em outros lugares para rezar o terço. Em Aparecida, desde algum tempo, têm aumentado as romarias do Terço dos Homens e também do Terço das Mulheres. A oração do terço está sendo retomada e se difunde pelo Brasil afora, pois é uma oração popular, que alimenta nossa devoção a Maria e nossa vida cristã. Hoje as TVs e rádios católicas também transmitem em determinado horário a oração do terço, e muitas pessoas acompanham a reza pelos meios de comunicação. Estamos celebrando neste ano o centenário das aparições de Nossa Senhora de Fátima aos três pastorinhos, e nessas aparições a Virgem Maria recomendou insistentemente a oração do rosário.

Homilia do papa em Aparecida
Comentada por dom Cláudio e dom Damasceno

Dom Damasceno, quando o papa esteve em Aparecida, fez uma belíssima homilia que foi publicada por muitos jornais e revistas de circulação nacional. Nós estamos publicando neste livro a homilia. Eu gostaria que o senhor nos dissesse em que contexto aconteceu essa fala do papa e o que o senhor poderia ressaltar da homilia para que os leitores também possam meditar um pouco mais sobre ela, porque são palavras profundas que merecem a nossa reflexão.

Dom Damasceno: O Papa Francisco, geralmente, faz homilias breves; aliás, uma das características de toda homilia deveria ser a brevidade, porque a homilia não é um discurso, um panegírico. É uma mensagem atualizada a partir dos textos bíblicos. E o Papa Francisco é um grande comunicador. Suas homilias são diretas, objetivas, claras. Essa é uma marca sua, e ele, aliás, tem uma belíssima reflexão sobre a homilia em sua exortação apostólica *Evangelii Gaudium*. Aqui em Aparecida, a homilia que o papa fez aconteceu numa missa de Nossa Senhora. Chamou-me atenção a simplicidade daquela homilia e, ao mesmo tempo, sua densidade. O Papa Francisco ressaltou três pontos muito importantes. O primeiro deles, conservar a esperança; o segundo, deixar-se surpreender por Deus; e o terceiro, viver na alegria. Veja que são coisas que as pessoas não esquecem, guardam-nas em seu coração e também em sua memória facilmente: conservar a esperança, viver na alegria e deixar-se surpreender por Deus. Percebe-se que essa reflexão foi fruto de inspiração proveniente dos textos bíblicos, da missa do dia, mas também foi inspirada no acontecimento do encontro da Imagem no rio Paraíba do Sul. Ao falar em conservar a esperança, eu creio que o papa tinha em mente naquele momento os três pescadores no rio Paraíba, que, depois de terem lutado tanto sem apanhar peixes, não perderam a esperança, como nos relata a história da "aparição" de Nossa Senhora. Lançaram novamente a rede e aí "pescaram" a Imagem de Nossa Senhora da Conceição. Isso só pode ter acontecido porque não perderam a esperança, confiaram em Deus e continuaram o seu trabalho. Essa é uma grande lição do encontro da Imagem: conservar a esperança, pois Deus caminha ao nosso lado, Ele está sempre conosco, por mais difícil que seja o obstáculo que tenhamos de enfrentar, Deus nunca nos abandona. Nós é que muitas vezes nos cansamos de esperar. Mas a esperança é o que nos anima a cada dia. Essa esperança não é utopia, mas esperança cristã, esperança não meramente humana, é esperança em Deus. Ninguém consegue viver sem esperança, e o cristão vive dessa esperança teológica, dessa confiança em Deus, na certeza de que Ele está conosco, caminha conosco, não nos engana, não nos defrauda, não nos abandona; confiança em que as Suas palavras se cumpram e se realizem em nossa vida. O papa nos diz: "Nunca deixemos que a esperança se apague em nossos corações". Mas por quê? Porque o mal foi vencido, o pecado foi vencido, o demônio foi vencido, como Francisco lembrava a partir da leitura do texto do livro do Apocalipse, na missa do dia em que fala do dragão. O papa dizia que o dragão simboliza o mal, faz-se presente também em nossa história, mas ele não é o mais forte, pois Deus o derrotou na Cruz. O cristão nunca deve perder a esperança, porque perder a esperança é desistir de viver. É praticamente perder a fé, pois quem tem fé acredita em Deus, e quem acredita em Deus espera nEle.

A segunda mensagem é esta: deixar-se surpreender por Deus. Da mesma forma o papa pensa ainda nos três pescadores, que depois de terem encontrado a Imagem ficaram surpresos com a pesca abundante. Deus está sempre nos surpreendendo na vida, e cada um de nós deve estar preparado para acolher as surpresas divinas, e sobretudo lembrar que as surpresas de Deus são sempre para o nosso bem. Muitas vezes elas são incompreensíveis aos nossos olhos humanos e à nossa razão, mas à luz da fé elas são para o nosso bem.

Assim como Ele transformou a água em vinho nas Bodas de Caná, Ele pode também transformar as dificuldades e obstáculos de nossa vida em alegrias, em momentos de paz, consolação, amadurecimento, confiança nEle. Não perder nunca a esperança e acolher sempre as surpresas de Deus.

A terceira mensagem é decorrente das duas anteriores: viver na alegria. O cristão não pode ser uma pessoa triste. Como dizia Dom Bosco, "um santo triste é um triste santo". O cristão não pode ser pessimista, um homem derrotado. Pelo contrário, o cristão é um homem que anda com a cabeça erguida, não por orgulho, não por vaidade, mas porque ele acredita em Deus, ele acredita no Cristo ressuscitado. Dizia um filósofo ateu, ao ver os cristãos tristes: "Como é que eu vou acreditar no Deus dos cristãos, nesse Deus vivo, ressuscitado, que eles pregam, se eles vivem tão tristes?". Se eu acredito no Cristo ressuscitado, vivo, que caminha comigo, preciso manter viva a esperança, preciso estar sempre pronto para acolher as surpresas de Deus. O Papa Bento XVI, quando esteve em Aparecida, em 2007, para inaugurar a V Conferência Geral do Episcopado Latino-Americano, disse que o cristão sabe que sem Cristo não há luz, não há esperança, não há amor, não há futuro. Com Cristo nós podemos, então, dizer que há amor, há esperança, há alegria, há futuro, há luz.

Homilia do Papa Francisco em Aparecida

Venerados irmãos no episcopado e no sacerdócio,

Queridos irmãos e irmãs!

Quanta alegria me dá vir à casa da Mãe de cada brasileiro, o Santuário de Nossa Senhora Aparecida. No dia seguinte à minha eleição como bispo de Roma fui visitar a Basílica de Santa Maria Maior, para confiar a Nossa Senhora o meu ministério de Sucessor de Pedro. Hoje, eu quis vir aqui para suplicar a Maria, nossa Mãe, o bom êxito da Jornada Mundial da Juventude e colocar aos Seus pés a vida do povo latino-americano.

Queria dizer-lhes, primeiramente, uma coisa. Neste Santuário, seis anos atrás, quando aqui se realizou a V Conferência Geral do Episcopado da América Latina e do Caribe, pude dar-me conta pessoalmente de um fato belíssimo: ver como os bispos – que trabalharam sobre o tema do encontro com Cristo, discipulado e missão – eram animados, acompanhados e, em certo sentido, inspirados pelos milhares de peregrinos que vinham diariamente confiar a sua vida a Nossa Senhora: aquela conferência foi um grande momento de vida de Igreja. E, de fato, pode-se dizer que o Documento de Aparecida nasceu justamente desse encontro entre os trabalhos dos pastores e a fé simples dos romeiros, sob a proteção maternal de Maria. A Igreja, quando busca Cristo, bate sempre à casa da Mãe e pede: "Mostrai-nos Jesus". É de Maria que se aprende o verdadeiro discipulado. E, por isso, a Igreja sai em missão sempre na esteira de Maria.

Assim, além de vir à Jornada Mundial da Juventude que me trouxe ao Brasil, também venho hoje bater à porta da casa de Maria, que amou e educou Jesus, para que ajude a todos nós, os pastores do Povo de Deus, aos pais e aos educadores, a transmitir aos nossos jovens os valores que farão deles construtores de um país e de um mundo mais justo, solidário e fraterno. Para tal, gostaria de chamar atenção para três simples posturas: conservar a esperança; deixar-se surpreender por Deus; viver na alegria.

1. Conservar a esperança. A segunda leitura da missa apresenta uma cena dramática: uma mulher – figura de Maria e da Igreja – sendo perseguida por um dragão – o diabo – que quer lhe devorar o filho. A cena, porém, não é de morte, mas de vida, porque Deus intervém e coloca o filho a salvo (cf. Ap 12,13a.15-16a). Quantas dificuldades na vida de cada um, no nosso povo, nas nossas comunidades, mas, por maiores que possam parecer, Deus nunca deixa que sejamos submergidos. Frente ao desânimo que poderia aparecer na vida, em quem trabalha na evangelização ou em quem se esforça por viver a fé como pai e mãe de família, quero dizer com força: Tenham sempre no coração esta certeza! Deus caminha a seu lado, nunca os deixa desamparados! Nunca percamos a esperança!

Nunca deixemos que ela se apague nos nossos corações! O "dragão", o mal, faz-se presente na nossa história, mas ele não é o mais forte. Deus é o mais forte, e Deus é a nossa esperança! É verdade que hoje, mais ou menos todas as pessoas, e também os nossos jovens, experimentam o fascínio de tantos ídolos que se colocam no lugar de Deus e parecem dar esperança: o dinheiro, o poder, o sucesso, o prazer. Frequentemente, uma sensação de solidão e de vazio entra no coração de muitos e conduz à busca de compensações, desses ídolos passageiros. Queridos irmãos e irmãs, sejamos luzeiros de esperança! Tenhamos uma visão positiva sobre a realidade. Encorajemos a generosidade que caracteriza os jovens, acompanhando-os no processo de se tornarem protagonistas da construção de um mundo melhor: eles são um motor potente para a Igreja e para a sociedade. Eles não precisam só de coisas, precisam sobretudo que lhes sejam propostos aqueles valores imateriais que são o coração espiritual de um povo, a memória de um povo. Neste Santuário, que faz parte da memória do Brasil, podemos quase que apalpá-los: espiritualidade, generosidade, solidariedade, perseverança, fraternidade, alegria; trata-se de valores que encontram a sua raiz mais profunda na fé cristã.

2. A segunda postura: Deixar-se surpreender por Deus. Quem é homem e mulher de esperança – a grande

esperança que a fé nos dá – sabe que, mesmo em meio às dificuldades, Deus atua e nos surpreende. A história deste Santuário serve de exemplo: três pescadores, depois de um dia sem conseguir apanhar peixes, nas águas do rio Paraíba, encontram algo inesperado: uma imagem de Nossa Senhora da Conceição. Quem poderia imaginar que o lugar de uma pesca infrutífera tornar-se-ia o lugar onde todos os brasileiros podem se sentir filhos de uma mesma Mãe? Deus sempre surpreende, como o vinho novo, no Evangelho que ouvimos. Deus sempre nos reserva o melhor. Mas pede que nos deixemos surpreender pelo seu amor, que acolhamos as suas surpresas. Confiemos em Deus! Longe dEle, o vinho da alegria, o vinho da esperança, se esgota. Se nos aproximamos dEle, se permanecemos com Ele, aquilo que parece água fria, aquilo que é dificuldade, aquilo que é pecado, se transforma em vinho novo de amizade com Ele.

3. A terceira postura: Viver na alegria. Queridos amigos, se caminhamos na esperança, deixando-nos surpreender pelo vinho novo que Jesus nos oferece, há alegria no nosso coração e não podemos deixar de ser testemunhas dessa alegria. O cristão é alegre, nunca está triste. Deus nos acompanha. Temos uma Mãe que sempre intercede pela vida dos Seus filhos, por nós, como a rainha Ester na primeira leitura (cf.

Est 5,3). Jesus nos mostrou que a face de Deus é a de um Pai que nos ama. O pecado e a morte foram derrotados. O cristão não pode ser pessimista! Não pode ter cara de quem parece estar num constante estado de luto. Se estivermos verdadeiramente enamorados de Cristo e sentirmos o quanto Ele nos ama, o nosso coração se "incendiará" de tal alegria que contagiará quem estiver ao nosso lado. Como dizia Bento XVI: "O discípulo sabe que sem Cristo não há luz, não há esperança, não há amor, não há futuro" (*Discurso inaugural da Conferência de Aparecida* [13 de maio de 2007]: *Insegnamenti* III/1 [2007], 861). Queridos amigos, viemos bater à porta da Casa de Maria. Ela abriu-nos, fez-nos entrar e nos aponta o Seu Filho. Agora Ela nos pede: "Fazei o que Ele vos disser" (Jo 2,5). Sim, Mãe nossa, nos comprometemos a fazer o que Jesus nos disser! E o faremos com esperança, confiantes nas surpresas de Deus e cheios de alegria. Assim seja.

Papa Francisco

Dom Cláudio, diante daquela homilia tão tocante e tão profunda que o nosso papa fez quando de sua visita surpresa a Aparecida durante a Jornada Mundial da Juventude, o que o senhor, que conviveu com ele, que é amigo dele, destacaria de relevante na pregação, já que toda a homilia em si é muito bonita? Que aspectos o senhor traria para uma reflexão mais aprofundada de nossos leitores e leitoras?

Dom Cláudio: Creio que dom Damasceno colocou muito bem como o papa se inspirou na própria cena da pesca da Imagem, nos pescadores que não perderam a esperança, que se deixaram surpreender. Podemos acrescentar outra dimensão, ou seja, como trazer estes fatos para o nosso tempo, para o nosso Brasil e para o mundo. A questão da esperança, de não perdermos a esperança, é fundamental. O papa tem insistido constantemente nisso em muitas situações, porque o mundo está passando por momentos difíceis, regionais, mas também globais. A própria crise global do clima, da ecologia, do planeta é uma crise grave. Grave e urgente! Mas o papa diz: "Não percamos a esperança; ainda há tempo; vamos começar a mudar". Outro exemplo é a questão do povo indígena. Eu falava com ele certa vez sobre os indígenas, dizia-lhe que a juventude indígena está perplexa porque de seu povo se tirou tudo, até mesmo seu futuro. Ele me respondeu: "Dom Cláudio, diga a eles que não percam a esperança, que não deixem de sonhar nunca". Isso é muito próprio dele, uma característica do Papa Francisco. Tanto lá em nossa conversa como aqui no Brasil ele falou dessa questão de não perdermos a esperança.

Além disso, o Papa Francisco repete inúmeras vezes que não devemos ter medo do novo, que Deus nos surpreende com o novo, e que por termos medo do novo nós muitas vezes não nos movemos, não caminhamos, preferimos ficar em casa sentados "satisfeitos" com o que já temos, com o que já "conquistamos", porque, com isso, nos sentimos bastante seguros na forma como a Igreja é, na forma como ela vive, e assim por diante. Sentimo-nos seguros e temos medo de dar passos à frente, medo de renovar a Igreja, de atualizá-la para a realidade de hoje. Mas o papa está nos dizendo insistentemente que nós não devemos ter medo do novo, que devemos nos deixar surpreender por Deus. Deus nos surpreende, sim, Ele nos propõe o novo, Ele quer fechar portas velhas e abrir novas portas, é o novo que nós precisamos ter muito claro em nossa mente e em nosso coração, e não temê-lo, deixar-nos surpreender por Deus. Entra aqui a questão da alegria, aquela exortação apostólica dele sobre a alegria do Evangelho. Ali ele nos diz que o Evangelho causa alegria, e nós, apesar de tudo, apesar de todo o sofrimento, de todas as perplexidades, de todas as barbaridades que acontecem hoje no mundo, e em nossa vida pessoal, na vida dos grupos, das comunidades, não podemos nos deixar envolver pela tristeza e pelo desânimo. Conservar e cultivar a alegria, apesar de todo o sofrimento e de toda a complicação; não perder a alegria. Isso é próprio do cristão desde os primórdios do cristianismo. Mas ainda no âmago dessa homilia há alguns pontinhos que talvez a gente pudesse acentuar, por exemplo, quando ele diz que a Igreja, quando busca a Cristo, bate sempre à casa da mãe e pede: "Mostra-nos Jesus". Quer dizer, o povo vai de fato a Maria, bater à porta da casa de Maria, e quer que Maria, essa nossa querida Mãe, nos mostre Jesus. Então eu me lembro daquele documento da CNBB ainda antes da quinta assembleia, intitulado "Queremos ver Jesus". O povo bate à porta de Maria e diz: "Nós queremos ver Jesus". Maria não segura ninguém para ela, Maria sempre nos acolhe e nos conduz a Jesus Cristo. Ela não segura ninguém junto dEla, Ela toma o filho ou a filha pela mão e os conduz até Jesus Cristo, e isso é muito típico de Nossa Senhora, que nos diz sempre: "Fazei o que Ele vos disser". O papa diz que nas missões a Igreja caminha na esteira de Maria. Maria, por assim dizer, caminha à frente e nos mostra o caminho, a esteira... E nós seguimos essa esteira na direção de Jesus. Maria é uma verdadeira missionária. Poderíamos dizer que Ela é Nossa Senhora da apresentação, porque constantemente nos apresenta Jesus, desde o começo até os dias de hoje. Ela sempre nos apresenta Jesus. No nascimento Ela o apresenta a José; depois, aos pastores; em seguida, aos Reis Magos. Posteriormente, apresenta-O no templo, mais tarde procura-O no templo e O leva de volta para Nazaré, onde certamente O apresenta ao povo que ali vivia, e Jesus começa a trabalhar... Mais tarde, Nossa Senhora segue, embora a certa distância, o Senhor Jesus na vida pública, às vezes com muita preocupação, porque ouve coisas sobre Seu Filho, coisas que Ela não entende e A deixam cheia de preocupação, até mesmo pela segurança de Jesus. Por isso Ela o segue, mas sempre apontando para Ele, apresentando-o. Debaixo da cruz, Ela ainda aponta para Jesus. No Pentecostes, leva os discípulos a buscarem Jesus, a serem fiéis a Jesus com a luz do Espírito Santo. Quer dizer, Ela é aquela Mãe que nos mostra o caminho, a esteira, para sermos bons discípulos e bons missionários.

Depois, o papa afirma também que Deus não se cansa de nos perdoar, somos nós que nos cansamos de pedir perdão a Ele. Essas palavras ele já as tinha dito naquela primeira mensagem que fez ao povo na hora do *Angelus* em Roma, já na condição de novo papa. Ali ele já havia dito essa mesma frase, de que Deus não se cansa de nos perdoar, somos nós que nos cansamos de pedir perdão a Ele. Assim, introduz o tema da misericórdia, tão central no seu intuito de reformar a Igreja. É no contexto da misericórdia que o Papa Francisco afirma que a Igreja cresce mais por atração do que por proselitismo. Proselitismo significa aqui apostar na doutrinação, querendo convencer as pessoas à custa de muita e insistente doutrinação ou, pior ainda, por uma quase imposição da fé cristã. A Igreja deve, sim, anunciar Jesus Cristo, morto e ressuscitado, e seu Reino, mas se a fé que nasce desse anúncio não se expressar em caridade, em misericórdia para com os outros, especialmente para com os mais pobres, então essa fé é morta. Uma Igreja misericordiosa, ao contrário, crescerá por atração. Aliás, só a misericórdia salva.

Outro ponto que se poderia destacar é a presença de Maria nos caminhos do povo de Deus rumo ao Pai. O papa fala com simplicidade que a missão de Nossa Senhora na vida da gente, na vida do povo de Deus, é nos levar até Ele, para as coisas boas do Céu, para as coisas de fé, as coisas da vida com Deus. A Mãe nos conduz para Deus e não para Si mesma. Nossa Senhora sempre nos conduz para Deus. Isso mostra também a dimensão mariana da Igreja: Nossa Senhora caminha com a Igreja, Ela anda conosco e nos encoraja a seguir Jesus. Ela é uma Mãe compreensiva, que sabe entender nossas fraquezas, nosso orgulho, nossa arrogância, até mesmo nossa ignorância das coisas do Céu, mas sempre nos ajuda a vencer os obstáculos no caminho.

Dom Cláudio, eu queria que o senhor falasse sobre esse amor de Maria, nossa Mãe, no contexto da Igreja e, particularmente, no contexto do Brasil, da realidade que hoje vivemos.

Dom Cláudio: Neste ano do terceiro centenário da pesca da Imagem de Nossa Senhora, ocorrida no ano 1717, é claro que temos que olhar com muito carinho e com muita responsabilidade para o nosso Brasil. Nossa Senhora está sempre presente na história do Brasil e se manifesta de um modo particular, através dessa devoção que percebemos na cidade de Aparecida, em seu Santuário Nacional. Nossa Senhora está muitíssimo presente. Está acompanhando maternalmente os católicos e todo o povo brasileiro. Esse povo todo que sempre a visitou nesses três séculos de devoção mariana, para que saiba e consiga viver o Evangelho, particularmente nestes tempos atuais muito difíceis... São tempos difíceis tanto para o Brasil como para o mundo. Sabemos disso porque a mídia nos mostra diariamente. São tempos difíceis porque há muita violência, muito terrorismo, muita guerra, muito ódio, muita perplexidade e insegurança sobre o futuro. Vemos que há muita gente perseguida, refugiada e muitos mártires pelo mundo afora. Mártires que por causa da sua fé cristã têm sido perseguidos, exilados ou exterminados. Esse quadro inclui nosso Brasil, que também está passando por uma crise muito difícil, com muito desemprego e muita gente não conseguindo fechar as contas no fim do mês, gente empobrecendo da noite para o dia. Eu voltaria a lembrar a homilia do papa aqui em Aparecida, quando ele nos falou de conservarmos a esperança. Nunca devemos perder a esperança. Não uma esperança passiva e acomodada, mas ativa, que une o povo e o faz acreditar no futuro. A história do mundo, no decorrer dos milênios e dos séculos, sempre teve guerras, crises, problemas e dificuldades, mas também sempre conseguimos vencê-las e superá-las. O Papa Francisco nos fala muito da solidariedade à luz do que Jesus Cristo diz: "É nisto que reconhecerão todos que vocês são meus discípulos, se vocês se amarem uns aos outros". Esse aprender a amar e não confrontar violentamente é o segredo. Não podemos dividir o Brasil em dois polos opostos, que se combatem, que não se aceitam, não se acolhem, não dialogam. Isso não deve acontecer num país que se diz católico ou cristão... Quero dizer que devemos conservar a esperança e cultivar essa esperança sobretudo por meio da solidariedade e do amor ao próximo, olhando também com otimismo para o futuro. Um segundo ponto é aquele de deixar-nos surpreender por Deus. Se fizermos a nossa parte, Deus certamente irá nos surpreender com a Sua graça, com a Sua luz, com o Seu consolo!

Deus irá à nossa frente, mostrando-nos os caminhos para sairmos desta crise política, social, moral e ética... Sim, Deus irá fazer isso se fizermos a nossa parte. Devemos deixar-nos surpreender por Deus e estar sempre abertos às coisas novas. É isso o que o papa nos diz. Repito que não devemos ter medo do novo, também o Brasil não deve ter medo do novo, mas sim construí-lo e ter sempre os olhos muito fixos num futuro iluminado por nossa fé em Jesus Cristo. Finalmente, precisamos conservar a alegria: apesar de tudo, apesar de todos os problemas que ora enfrentamos, de todas as dificuldades que passamos momentaneamente, ainda assim não devemos perder a alegria de viver. Tenhamos confiança e certeza de que em Deus nós sempre podemos confiar. Deus está do nosso lado, sabemos que Ele é um bom pai, também que Nossa Senhora é uma boa Mãe e que ambos estarão certamente atentos, velando por nós. Eles cuidarão de nós se deixarmos que Eles cuidem e nos encorajem para reconstruirmos nosso país.

Dom Cláudio, me ocorre agora que, quando somos ainda crianças, caímos, nos ralamos e choramos de dor. Daí, infalivelmente, corremos para o colo da mãe e ela, carinhosamente, dá um beijinho no dodói e logo a dor passa e o dodói sara. A minha esposa fez isso com os filhos e o faz agora com os netos. Diga-nos: o amor da mãe sempre restaura as nossas feridas?

Dom Cláudio: Ah, com certeza! Com certeza o amor de mãe restaura as feridas e consola enquanto elas não estão plenamente curadas, pois o amor de mãe nos ajuda a suportá-las, nos ajuda a vencê-las e a superá-las. É isso que Deus faz conosco. Muitas vezes nós nos perguntamos: "Mas por que isso está acontecendo justamente comigo?". É porque isso vem de nós mesmos. Os males nunca vêm de Deus. Deus sempre nos ajuda a vencer o mal, mas o mal nunca vem dele. E nem poderia vir, pois, como nos ensina São João em sua primeira carta, Deus é amor! Ora, se Deus é amor, dEle não poderá vir nada mais do que amor! Daí que o mal nunca vem de Deus. Ele, e Nossa Senhora também, como a mãe de Deus, como aquela que está tão junto de Deus, nos fazem compreender isso, lógico! E nos fazem manter a estabilidade emocional nesses momentos difíceis. Isso também pode ser aplicado à complicada situação do Brasil atual, ou seja, seus males não vêm de Deus, mas de nós, da forma como construímos e administramos o Brasil. Portanto, somos responsáveis. Diante disso, devemos pedir que Deus nos ilumine e nos ajude a nos levantarmos novamente. Ele nos encorajará, ele nos levantará, nos consolará e nos ajudará a superar as crises. Você sabe que, muitas vezes, as crises são uma oportunidade para um futuro até melhor? O caminhar da humanidade pela história nos mostra isso. Muitas crises foram grandes lições para que a humanidade se corrigisse e se aprimorasse em diversos sentidos: morais, humanos, fraternos e científicos, evoluindo após cada crise.

Dom Damasceno, após concluir sua missão à frente da Basílica Santuário de Aparecida, por treze anos, gostaria que o senhor agora, saindo para que outro venha substituí-lo nesta missão, nos deixasse uma mensagem final de pastor que velou por tantos romeiros e romeiras neste longo tempo.

Dom Damasceno: Ao concluir esses treze anos como pastor da Arquidiocese de Aparecida, considero-me feliz e realizado em meu ministério episcopal. Fundada em 1958, a Arquidiocese de Aparecida era administrada a partir de São Paulo pelo Cardeal Mota, e somente em 1964 foi que ele tomou posse da arquidiocese. Naquela ocasião, falava-se muito que o Cardeal Mota teria saído de São Paulo por pressão dos militares, pois estávamos vivendo sob o regime militar. Eu estava nessa época no Colégio Pio Brasileiro em Roma, como estudante, quando Paulo VI visitou o colégio, logo após a revolução de 1964, e falou claramente no seu discurso, referindo-se à transferência do Cardeal Mota para Aparecida, que ele havia sido transferido por sua livre e espontânea vontade. Fora ele, o Cardeal Mota, quem solicitara a sua transferência para Aparecida, desfazendo qualquer mal-entendido a respeito da sua saída de São Paulo. Paulo VI disse ainda mais, numa carta que escreveu ao cardeal: "O senhor vai para uma arquidiocese pequena, porém muito importante, insigne, mas sobretudo muito querida do povo brasileiro, porque é a arquidiocese onde está a sede do Santuário Nacional de Nossa Senhora Aparecida". O arcebispo é o primeiro guardião da Imagem de Nossa Senhora Aparecida, de modo que, ao vir para Aparecida ocupar uma função assim tão honrosa na Igreja, e ao mesmo tempo tão cheia de desafios e responsabilidade, eu confiava em que Nossa Senhora haveria de me proteger de um modo muito especial, primeiramente por ser o arcebispo de Aparecida, o guardião da Imagem, e também porque confiava na oração de minha mãe, piedosa e grande devota de Nossa Senhora. Ela me disse: "Meu filho, eu rezei para você ser transferido para Aparecida". Foi exatamente desse jeito que ela me falou. Assumi com muita confiança na proteção de Nossa Senhora, e agora, ao concluir minha missão por decisão do Papa Francisco, por ter chegado ao limite de idade, 80 anos, só tenho que agradecer a Deus pelo período que passei aqui.

Foi muito rico em termos de experiência pastoral, de convivência com o clero, com os religiosos e sobretudo com os fiéis da arquidiocese e, de maneira muito especial, com os romeiros. Isso é uma riqueza extraordinária! Nesse sentido, Aparecida é única no Brasil. Receber todo ano aproximadamente 12 milhões de romeiros, de devotos de Nossa Senhora Aparecida. Cada semana indo ao Santuário, cada domingo encontrando esse povo devoto. Gente nova que chega dos mais diversos lugares deste país, todos vêm com muita fé e confiança na misericórdia de Deus e na proteção de Nossas Senhora. Eles chegam ao Santuário de caminhão, de carro, a pé, a cavalo, de outras formas, até de helicóptero. É comovente e edificante a fé simples, convicta, sincera, contagiante do romeiro. Essa fé que se traduz em gesto simples de amor a Deus e a Nossa Senhora: na sua reza, na maneira piedosa e reverente de passar diante da Imagem, na fidelidade em cumprir suas promessas, na oferta de uma vela. O pastor fica edificado, maravilhado com tudo isso, e fica admirado com a forma como o povo brasileiro é religioso e devoto de Nossa Senhora Aparecida. Este povo, fiel e devoto, confia na sua proteção, na ajuda celestial de sua mãe invocada aqui com o título de Nossa Senhora Aparecida. Quantas vezes a pessoa se aproxima para pedir uma bênção, com a carteira de trabalho [voz embargada]... Desculpe, eu estou comovido... [silêncio]. Ou com a chave da casa ou do carro nas mãos... Outros ainda com a identidade ou peça de roupa de um familiar enfermo ou em dificuldade... todos cheios de fé na proteção de Nossa Senhora Aparecida.

Com sua permissão, dom Damasceno, queria aproveitar enquanto o senhor está nos contando sua experiência, com esta emoção e convicção, para dar o meu testemunho, que eu iria escrever, mas vou contar agora, falar aqui para os senhores cardeais ouvirem. Há muitos anos eu morava aqui no Vale, em Taubaté, e tinha o hábito de, em todas as viagens a trabalho de carro, passar por Aparecida, parar e fazer aqui uma prece à minha mãezinha Aparecida, e se houvesse celebração de uma missa eu participava. Era um propósito meu assumido desde que comecei a dirigir e trabalhar pelo Vale do Paraíba. Para mim não importava o compromisso que tivesse, eu dizia à Mãe Aparecida: "Dê um jeito de o cliente me esperar, de se atrasar, que eu vou participar desta missa aqui e agora em Seu Santuário". Numa época em que eu estava passando por um momento muito difícil, com os meus cinco filhos pequenos... Veja, o senhor se emocionou e eu, também, me emocionei agora [voz embargada]... Enfrentando enormes dificuldades, eu não me lembro exatamente se eram dificuldades financeiras ou de outra ordem, com meu ex-sócio, não sei. Eu só sei que entrei no Santuário muito bravo, irritado com tudo, mas disse a mim mesmo: "Vou participar da missa". Enquanto eu e diversas outras pessoas aguardávamos sentados a hora de a missa iniciar, observando tudo ao meu lado, comecei a questionar: "Ora, Santuário de Aparecida, como é que podem chamar aqui de 'santuário'?". Pois eu olhava de um lado para outro e não via imagem nenhuma de santos, somente Nossa Senhora Aparecida em seu nicho. "Ora", murmurava eu em meus pensamentos, "santuário é lugar de santos, e não estou vendo aqui nenhuma imagem de nossos santos e santas, que são tantos". Isso eu ruminava em meu coração enquanto a missa não começava. Eu já estava ali fazia um dez minutos. E aguardando, como eu, tinha assim um grupo de 40 a 50 pessoas, mais ou menos. "Onde é que estão os santos e santas, meu Deus? Que santuário é este que só tem uma imagem de Nossa Senhora? Então não deveria se chamar santuário, não é mesmo?", pensava. Santuário tem que ser um lugar cheio de santos e santas... Imediatamente, uma voz lá no íntimo de meu coração me disse: "Oh, meu filho, como você está cego com esse seu mau humor; olhe aí bem ao seu lado". Surpreso, eu olhei do lado e vi uma senhora com as duas pernas enfaixadas. A voz continuou: "Está vendo bem aí do seu lado?". Deus estava falando bem no fundo do meu coração, meus caros amigos cardeais, pouca gente sabe desse fato, deste testemunho que eu agora estou lhes narrando. Ele me disse: "Está vendo? Esta é uma santa. Operou as pernas, mal pode andar sozinha e veio aqui agradecer à mãe, porque não perdeu as pernas". Aí eu comecei a chorar [voz embargada]. Mas a voz pacientemente continuou a me dizer: "Está vendo logo ali à sua frente, aquela menina?". Olhei e realmente tinha lá, uns bancos à minha frente, uma jovenzinha toda arrumada, vestidinha de branco da cabeça aos pés, parecia estar vestida com uma roupa de debutante e, ao seu lado, um casal, gente assim muito simples e humilde. "Está vendo, meu filho", insistia a voz dentro de mim, "é uma santinha aquela menina. Completou 15 anos e disse ao pai que queria vir a Aparecida como presente de debutante, em vez de participar de uma festa. Os pais mandaram fazer aquela roupa branca e eles estão aqui para agradecer o dom da vida desta jovem, santa e pura, 'debutando' aqui na minha casa, meu filho!". Daí eu não aguentei mais e desandei a chorar de verdade, soluçando. E em meio às minhas lágrimas e soluços, aquela voz interior falou assim: "E todas essas pessoas que estão do seu lado formam o Santuário de Aparecida. Esses são os santos e santas que você estava procurando, santos e santas que não estão nas paredes, mas vivendo essa mesma vida difícil que você ora vive, meu filho. Estes são os santos e santas que sofrem e ainda padecem aqui na Terra, mas que, um dia, estarão experimentando o céu". Eu NUNCA mais me esqueci desse fato em minha vida. Essa foi mais uma experiência de Deus que eu vivi aqui no Santuário de Aparecida. Participei daquela missa entre lágrimas de alegria e vergonha de Deus... Voltei para a minha casa com as mesmas dificuldades, mas, com tudo isso que os senhores me falaram, lembro que voltei com a esperança renovada, porque naquele dia eu senti que, apesar de meus muitos pecados, era contado como mais um santo ali, naquela celebração e naquele Santuário. Sim, eu também era um santo na mão de Deus, sofrendo, mas esperando o dia em que tudo o que me fazia sofrer iria terminar. Então é isso, eu confirmo o que os senhores agora me narraram, pois vivi uma experiência semelhante, há muitos anos, e já havia me esquecido disso.

Dom Damasceno: Isso que você nos relatou é um reflexo do povo brasileiro, das suas dificuldades, dos seus sofrimentos, da sua luta. Um povo fiel, fervoroso, que não desanima diante das situações difíceis e da experiência do sofrimento, das injustiças, da violência e da morte. Vêm encontrar força aqui no Santuário, junto de nossa Mãe do Céu. Voltam com mais energia, com mais coragem, mais fé em Deus. No Santuário o peregrino faz a experiência do encontro com Deus, que o acolhe e o escuta.

Eu tenho por hábito saudar os romeiros quando celebro a Santa Missa no Santuário. Normalmente, o mesmo tempo que levo para celebrar a missa – uma hora

– eu gasto para chegar até a sacristia depois da celebração. Vou cumprimentando um por um. É nesse momento que você ouve tantos testemunhos de graças alcançadas por intercessão de Nossa Senhora. Aqui você encontra o rico com seus problemas pessoais e profissionais, com seus dramas familiares, e o pobre angustiado por falta de trabalho, por alguma doença em casa e por tantas outras situações difíceis que está atravessando. Todos vêm buscar refúgio onde? Aqui no coração da Mãe, na casa de Nossa Senhora Aparecida. Não há revolta em nenhum deles, ao contrário, há muita confiança na misericórdia de Deus e na intercessão de Nossa Senhora.

No Santuário o romeiro se sente em casa, está na casa de Deus, na casa da Mãe, na casa de irmãos e irmãs, romeiros e romeiras como ele. Todos se sentem em família e aqui encontram conforto, consolo, força e vigor para voltar à realidade de seu dia a dia e enfrentar as dificuldades da vida.

Essa foi uma experiência única que eu vivi como pastor de Aparecida. Sem descuidar dos fiéis da arquidiocese, o bispo de Aparecida tem a missão também de acolher e escutar com afeto os romeiros que aqui chegam. Todos eles deixaram profundas marcas em meu coração e certamente levaram também um pouco de mim. Como disse na minha despedida da arquidiocese no dia 21 de janeiro de 2017: "Eu não me despeço dos meus diocesanos e romeiros, inicio uma nova missão que Deus me reserva. Levarei a todos no meu coração e os terei sempre presentes em minhas preces".

CAPÍTULO 4

ORAÇÕES DE NOSSA SENHORA APARECIDA

Consagração a Nossa Senhora Aparecida

por padre Vitor Coelho de Almeida
(†21 jul. 1987)

Ó Maria Santíssima, que em Vossa querida Imagem de Aparecida espalhais inúmeros benefícios sobre todo o Brasil, eu, embora indigno de pertencer ao número dos Vossos filhos e filhas, mas cheio do desejo de participar dos benefícios de Vossa misericórdia, prostrado a Vossos pés, consagro-Vos o meu entendimento, para que sempre pense no amor que mereceis.

Consagro-Vos minha língua, para que sempre Vos louve e propague a Vossa devoção. Consagro-Vos o meu coração, para que, depois de Deus, Vos ame sobre todas as coisas. Recebei-me, ó Rainha incomparável, no ditoso número de Vossos filhos e filhas.

Acolhei-me debaixo de Vossa proteção.

Socorrei-me em todas as minhas necessidades espirituais e temporais e, sobretudo, na hora de minha morte. Abençoai-me, ó Mãe Celestial, e com Vossa poderosa intercessão fortalecei-me em minha fraqueza, a fim de que, servindo-Vos fielmente nesta vida, possa louvar-Vos, amar-Vos e dar-Vos graças no Céu, por toda a eternidade.

Assim seja.

Consagração a Nossa Senhora Aparecida (nova versão após a visita do papa)

por Padre Vitor Coelho de Almeida (†21 jul. 1987)

Ó Maria Santíssima, pelos méritos de Nosso Senhor Jesus Cristo, em Vossa querida Imagem de Aparecida, espalhais inúmeros benefícios sobre todo o Brasil.

Eu, embora indigno de pertencer ao número de Vossos filhos e filhas, mas cheio do desejo de participar dos benefícios de Vossa misericórdia, prostrado a Vossos pés, consagro-Vos o meu entendimento, para que sempre pense no amor que mereceis; consagro-Vos a minha língua, para que sempre Vos louve e propague a Vossa devoção; consagro-Vos o meu coração, para que, depois de Deus, Vos ame sobre todas as coisas.

Recebei-me, ó Rainha incomparável, Vós que o Cristo crucificado deu-nos por Mãe, no ditoso número de Vossos filhos e filhas; acolhei-me debaixo de Vossa proteção; socorrei-me em todas as minhas necessidades, espirituais e temporais, sobretudo na hora de minha morte.

Abençoai-me, ó celestial cooperadora, e com Vossa poderosa intercessão, fortalecei-me em minha fraqueza, a fim de que, servindo-Vos fielmente nesta vida, possa louvar-Vos, amar-Vos e dar-Vos graças no Céu, por toda a eternidade.

Assim seja!

Oração Jubilar: 300 Anos de Bênçãos

Senhora Aparecida, Mãe Padroeira, em Vossa singela Imagem,
há trezentos anos aparecestes nas redes dos três benditos pescadores
no rio Paraíba do Sul.
Como sinal vindo do céu,
em Vossa cor,
Vós nos dizeis que para o Pai não existem escravos,
apenas filhos muito amados.
Diante de Vós, embaixadora de Deus,
rompem-se as correntes da escravidão!
Assim, daquelas redes,
passastes para o coração e a vida
de milhões de outros filhos e filhas Vossos.
Para todos tendes sido bênção:
peixes em abundância,
famílias recuperadas,
saúde alcançada,
corações reconciliados,
vida cristã reassumida.
Nós Vos agradecemos tanto carinho, tanto cuidado!
Hoje, em Vosso Santuário e em Vossa visita peregrina,
nós Vos acolhemos como mãe,
e de Vossas mãos recebemos o fruto de Vossa missão entre nós:
o Vosso Filho Jesus, nosso Salvador.

Recordai-nos o poder, a força das mãos postas
em prece!
Ensinai-nos a viver Vosso jubileu com gratidão e
fidelidade!
Fazei de nós Vossos filhos e filhas,
irmãos e irmãs de nosso Irmão Primogênito, Jesus
Cristo, Amém![6]

6. Fonte: a12.com

Oração a Nossa Senhora Aparecida

Ó incomparável Senhora da Conceição Aparecida,

Mãe de Deus, Rainha dos Anjos,
Advogada dos pecadores,
refúgio e consolação dos aflitos e atribulados,

Virgem Santíssima,
cheia de poder e de bondade,
lançai sobre nós um olhar favorável,
para que sejamos socorridos por Vós,
em todas as necessidades em que nos acharmos.

Lembrai-Vos, ó clementíssima Mãe Aparecida,
que nunca se ouviu dizer
que algum daqueles que têm a Vós recorrido,
invocado Vosso santíssimo nome
e implorado a Vossa singular proteção
fosse por Vós abandonado.

Animados com esta confiança,
a Vós recorremos.

Tomamo-Vos para sempre por nossa Mãe,
nossa protetora, consolação e guia,
esperança e luz na hora da morte.

Livrai-nos de tudo o que possa ofender-Vos
e ao Vosso Santíssimo Filho, Jesus.

Preservai-nos de todos os perigos
da alma e do corpo;
dirigi-nos em todos os assuntos espirituais e temporais.

Livrai-nos da tentação do demônio,
para que, trilhando o caminho da virtude,
possamos um dia ver-Vos e amar-Vos
na eterna glória, por todos os séculos dos séculos.
Amém!

Consagração a Nossa Senhora Aparecida

Ó Virgem Santíssima, Nossa Senhora da Conceição Aparecida, padroeira do Brasil, eis-nos prostrados suplicantes, aos pés do Vosso trono, na certeza de obter de Vossa misericórdia as graças e a ajuda oportuna nas calamidades presentes, não em virtude de nossos méritos, que são poucos, mas unicamente pela imensa bondade do Vosso Coração maternal.

Os abomináveis pecados do mundo, as perseguições dirigidas contra a Igreja de Jesus Cristo, mais ainda, a apostasia das nações e de tantas almas cristãs, em suma, os esquecimentos por parte da maioria dos homens de que sois a Mãe da Divina Graça, tudo isso é agonia para Vosso Coração Doloroso e Imaculado, tão unido, em sua compaixão, aos sofrimentos do Sagrado Coração de Vosso Filho.

Nesses tempos calamitosos em que tantas almas se perdem viemos ao Vosso Santuário suplicar a Vossa proteção sobre nossas famílias, dilaceradas pela discórdia e pelo flagelo do divórcio.

Pedimos pelos nossos filhos, atraídos covardemente por um mundo apóstata da fé, que lhes acena com falsos prazeres, as drogas e uma impressionante revolta contra a autoridade de Deus e de seus pais.

Pedimos também pela nossa pátria, esquecida de Vós e do Coração de Vosso Filho, ela que nasceu sob o manto da Santa Cruz e que tantas glórias já trouxe para a Santa Igreja Católica, em tempos de maior devoção e vida católica.

Não permitais que os próximos anos se transformem em perseguições sorrateiras e silenciosas contra os direitos de Deus e de Sua Igreja.

Dai-nos as graças que nos são tão necessárias para resistir a tantas mentiras e enganações, e fazei que sejamos fiéis às promessas do nosso Santo Batismo. Queremos viver sob o Vosso manto e sob Vossa maternal proteção, e para tanto consagramos nossas almas como filhos amorosos e confiantes, prometendo o esforço de nunca abandonar a oração do Terço e a devoção ao Vosso Imaculado Coração, última tábua de salvação.

Assim seja!

CAPÍTULO 5

APARECIDA, UM NOME ADEQUADO A NOSSA SENHORA!

Antonio Miguel Kater Filho

Todo filho ou filha, diante da dor, da insegurança, do medo ou de qualquer outro tipo de ameaça, clama por sua mãe, que, imediatamente, aparece para amenizar suas dores, dar-lhe sua materna segurança, afastar-lhe os temores, enfim, protegê-lo e dele cuidar com amor, zelo e muito afeto, como age toda boa mãe. Ora, amigos e amigas, se nossas mães terrestres agem assim, ainda mais nossa mãe celeste, Nossa Senhora, agirá quando por ela clamarmos!

Diante disso, eu sempre vi nessa mariana denominação, muito popular aqui no Brasil, Nossa Senhora da Conceição Aparecida, uma expressão adequadíssima e totalmente coerente com nossa querida mãezinha do céu, que, como as nossas mães da Terra, sempre aparece quando por ela clamamos por algo que nos aflija, nos incomode, nos amedronte ou nos tire a paz.

Nossa Senhora de Fátima, uma aparição da Virgem Maria em Portugal

Refletindo sobre isso, me lembrei de que em Fátima, em Portugal, ela apareceu aos videntes Jacinta, Lúcia e Francisco, num momento crucial, de muitas dificuldades e incertezas para a humanidade, em meio a uma grande guerra mundial. Ela aparece, tranquiliza aquelas crianças – ainda atônitas quanto a Sua presença inusitada – e lhes pede, a elas e a toda a humanidade, sem exceção, que rezem incessantemente o terço pela paz mundial. Disse a Virgem textualmente àquelas três crianças: "Rezem o terço todos os dias, para alcançarem a paz para o mundo e o fim da guerra". Não seria inadequado se os católicos portugueses da época a chamassem de Nossa Senhora Aparecida de Fátima, pois ela ali apareceu, como o fez aqui no Brasil em 1717, exatamente duzentos anos depois, em Fátima, no ano de 1917. Diante disso podemos afirmar, sem vacilar, que Aparecida é uma denominação adequada a uma mãe atenta e afetuosa, como é nossa Mãe do Céu: a Virgem Maria. Mas não foi somente no Brasil e em Fátima que Nossa Senhora apareceu à humanidade, pois o mesmo fenômeno ocorreu em muitas outras localidades, em datas distintas e a pessoas diferentes.

Nossa Senhora aparece em Lourdes, na França

Na França, no ano de 1858, num vilarejo denominado Lourdes, mais uma vez Nossa Senhora aparece a três jovens: Bernadette, sua irmã Marie e sua amiga Jeanne. Ela surge no interior de uma pequena gruta, segurando um rosário nas mãos. Dessa vez o Seu recado principal às crianças foi: conversão, penitência e a oração do terço, para que todos os que estivessem afastados de Deus e mergulhados numa vida de pecado se convertessem e assim salvassem as suas almas, em perigo iminente de se perderem definitivamente. Como muitos duvidassem de sua aparição às jovens, bem como de seus apelos e seus pedidos a Bernadette, a Senhora se identifica como a Imaculada Conceição (título também presente na denominação dada a Nossa Senhora Aparecida, pois a imagem encontrada no rio Paraíba do Sul é a de Nossa Senhora da Conceição, muito cultuada em Portugal há séculos). O dogma de fé da Imaculada Concepção de Nossa Senhora (concebida sem o pecado original) havia sido promulgado pelo Papa Pio IX em 1854, quatro anos antes desse seu aparecimento em Lourdes a três crianças que não tinham ciência dessa informação! Eram crianças simples que viviam no interior da França, e naquele tempo, ainda mais naquele lugarejo, não havia meios de comunicação acessíveis, e pouquíssimas pessoas sabiam dessa informação eclesial: um dogma de fé, uma informação restrita apenas às autoridades máximas da Igreja, como os bispos e alguns presbíteros, que tinham acesso aos decretos do papa. Daí a surpresa do clero local sobre essa informação que Nossa Senhora passa à jovem Bernadette. Mais uma vez Nossa Senhora aparece e alerta a humanidade sobre o risco de sair do Caminho que é Seu Filho Jesus.

Além dessa informação inusitada, Nossa Senhora pede a Bernadette que cave um buraco próximo ao local onde ela normalmente lhe aparecia. Nesse lugar, localizado num terreno totalmente pedregoso e árido, não havia possibilidade de verter uma nascente, mina de água ou mesmo uma fonte. Bernadette, obedecendo à Virgem, cava a terra e dali começa milagrosamente a brotar uma água límpida e pura. As pessoas que bebiam dessa água ou que nela se banhavam ficavam imediatamente curadas de doenças terminais ou incuráveis. Essa fonte brota água constantemente até os dias de hoje, e milhares e milhares de fiéis, devotos e devotas de Nossa Senhora, se banham nela com fé e muitos deles são curados, tendo suas curas comprovadas cientificamente e devidamente catalogadas por médicos e cientistas que trabalham com essa intenção específica no Santuário de Lourdes, que recebe anualmente milhões de visitantes. Aos pés de Nossa Senhora que nos deu Jesus brota incessantemente uma água viva que cura os males da humanidade!

A aparição de Nossa Senhora em Guadalupe, no México

Em 1589, nas proximidades da Cidade do México, Nossa Senhora aparece ao índio Juan Diego, que, dirigindo-se para a sua aula de catequese, orava piedosamente pedindo a cura de seu tio, então muito doente. Nossa Senhora aparece a ele pelo caminho e lhe diz: "Diego, não deixe o seu coração perturbado. Eu não estou aqui? Não tema essa enfermidade ou angústia. Eu não sou sua Mãe? Você não está sob minha proteção?". Essa aparição foi seguida de um pedido da Virgem para que ele, Juan, procurasse o bispo local e lhe dissesse que a Sua aparição naquele lugar logo iria terminar com a idolatria vigente no México, o culto a uma imagem de pedra à qual os mexicanos faziam sacrifícios pedindo proteção e milagres. Juan, seguindo o pedido de Nossa Senhora, relatou tudo ao bispo, que, não acreditando no jovem, pediu-lhe provas concretas dessa aparição. Juan voltou ao mesmo local e Nossa Senhora, aparecendo novamente a ele, disse ao índio que levasse ao bispo lindas flores que ele mesmo colheria num morro que Ela indicaria. Apesar de ser inverno no México e a neve cobrir todo o solo, impedindo o crescimento de qualquer flor ou outra vegetação, Juan, obediente e confiante, subiu ao morro indicado pela Virgem e, para sua surpresa, encontrou, em meio à neve, uma grande quantidade de lindas flores brotando! Flores que ele colheu e colocou em seu manto, enchendo-o com diversas espécimes de todas as cores. Imediatamente ele as levou ao bispo como prova da aparição da Virgem. Mesmo assim o bispo continuou duvidando. Entretanto, quando Juan abriu o manto deixando cair as flores no chão, ficou impressa em seu manto a imagem de Nossa Senhora como ela lhe havia aparecido, com todos os detalhes. O bispo, emocionado, imediatamente acreditou na aparição e autorizou, como Nossa Senhora havia pedido ao jovem índio, que fosse construída uma igreja no local indicado por Ela, para onde o manto de Juan Diego, com a imagem de Nossa Senhora de Guadalupe impressa, foi levado para ser venerado. Manto que se encontra intacto até hoje, passados já quase cinco séculos, apesar de ter sido confeccionado num material frágil, que normalmente não duraria mais de vinte anos. Guadalupe se tornou o grande santuário do México, e a devoção a Nossa Senhora de Guadalupe se estendeu por toda a América Latina. Em 1979, o Papa João Paulo II consagrou Nossa Senhora de Guadalupe como Padroeira da América Latina. Mais uma vez constatamos que nossa mãe do céu aparece à humanidade em momentos importantes. A idolatria pagã que até então tomava conta do povo mexicano praticamente acabou, e a devoção a Nossa Senhora de Guadalupe tornou o México uma das maiores nações católicas do mundo!

Nossa Senhora do Perpétuo Socorro, outra aparição oportuna da Virgem Maria

A pintura de Nossa Senhora do Perpétuo Socorro, venerada pelo mundo todo, nasceu de um ícone (uma pintura de Nossa Senhora) milagroso que foi roubado de uma igreja na ilha de Creta, na Grécia, no século XV. Trata-se de uma pintura sobre madeira, em estilo bizantino.

Na pintura, Maria é representada segurando o Menino Jesus em seu colo. O Menino Jesus observa dois anjos que Lhe mostram os elementos de sua paixão: uma cruz, uma lança e uma vara com uma esponja. O Menino se assusta, abraça a Mãe, e uma das sandálias Lhe cai dos pés. O Arcanjo Gabriel e o Arcanjo Miguel flutuam acima dos ombros de Maria. O ícone seria, de acordo com a tradição, uma "cópia do quadro de Maria pintado então pelo evangelista São Lucas".

A narrativa histórica nos conta que um homem que ganhava a vida como comerciante roubou essa pintura de Nossa Senhora do Perpétuo Socorro no século XV. A sua intenção era vendê-la em Roma a colecionadores de obras sacras. Porém, durante a travessia do mar Mediterrâneo, uma violenta tempestade quase fez naufragar o navio em que ele viajava. Ao chegar a Roma, ele adoeceu gravemente. Assustado com os fatos ocorridos, e ao mesmo tempo arrependido, ele contou a um amigo a sua história e lhe pediu que devolvesse o ícone a uma igreja para ser venerado pelos fiéis.

Entretanto, a esposa desse seu amigo não quis devolvê-lo e guardou-o para si. Após ela ficar viúva, no entanto, Nossa Senhora apareceu à sua filha de 6 anos e lhe disse para colocar o quadro de Nossa Senhora do Perpétuo Socorro na Igreja de São João de Latrão ou na de Santa Maria Maior, ambas em Roma. Todavia, no dia 27 de março de 1499 o ícone foi entronizado na Igreja de São Mateus, ficando ali exposto por mais de trezentos anos.

Quando Roma foi invadida pelos franceses, no século XVIII, essa Igreja de São Mateus foi destruída. Com isso, os agostinianos, que guardavam o ícone de Nossa Senhora do Perpétuo Socorro, levaram-no para um local secreto. Ali ele permaneceu escondido e esquecido por mais trinta anos. Entretanto, um monge agostiniano que tinha muita devoção a Nossa Senhora do Perpétuo Socorro, antes de morrer, contou a história da imagem e da devoção a um coroinha, revelando-lhe o esconderijo dela. Tempos depois esse coroinha se tornou padre redentorista. Passado um tempo, os redentoristas compraram uma área para construir a Casa Mãe (sede da Congregação Redentorista), e esse jovem padre ajudou a reencontrar o ícone. No começo do ano de 1866, o Papa Pio IX entregou a guarda da imagem aos redentoristas. Na ocasião, o papa lhes fez esta recomendação: "Fazei com que todo o mundo conheça esta devoção". Os redentoristas fizeram então muitas cópias do ícone e as difundiram por todas as partes do mundo. Hoje, no Brasil e pelo mundo, semanalmente, em paróquias e comunidades, grupos de fiéis se reúnem para rezar a Novena a Nossa Senhora do Perpétuo Socorro, alcançando muitas graças por intercessão de Nossa Senhora.

Nossa Senhora de Nazaré aparece ao caboclo Plácido em Belém do Pará

No dia 8 de setembro do ano de 1630, após uma grande tempestade, um pescador chamado Plácido saiu para ver as suas redes no mar de Saquarema. Ao passar diante de um morro, onde hoje se encontra a Basílica Santuário dedicada a Nossa Senhora de Nazaré, Plácido viu uma forte luz e foi verificar o que era. No local do brilho, num igarapé às margens do rio Murutucu, ele encontrou a imagem de Nossa Senhora de Nazaré.

Ele pegou aquela imagem e levou-a para a sua casa na vila dos pescadores. Ali reuniu todos os outros pescadores, fizeram orações e foram dormir. No dia seguinte, a imagem reapareceu no local onde havia sido encontrada. Isso aconteceu por duas vezes. A imagem foi então levada para a Capela do Palácio do Governo da Província, onde ficou guardada por escolta e, mesmo assim, pela manhã ela não estava lá, aparecendo novamente às margens do igarapé. Todos entenderam então que deviam erguer uma capela naquele local, onde a imagem insistia em permanecer. Muitos milagres aconteceram a partir de então e a capela ficou pequena, sendo necessário construir uma igreja bem maior. Hoje a devoção a Nossa Senhora de Nazaré atrai mais de 2 milhões de fiéis anualmente, no segundo domingo do mês de outubro, para a procissão do Círio de Nazaré, a maior concentração de fiéis marianos do mundo. Mais uma aparição de Nossa Senhora atraindo fiéis e, como sempre faz, conduzindo-os a Jesus, pois, durante o período do Círio (que dura vários dias), centenas de milhares de pessoas se confessam e comungam, convertendo-se, além de pagarem promessas à Virgem por graças e milagres alcançados por Sua materna intercessão junto a Seu Filho Jesus.

Nossa Senhora do Carmo aparece a São Simão Stock

A devoção a Nossa Senhora com esta denominação remonta ao século XII, quando um grupo de eremitas começou a se formar junto ao monte Carmelo, na Palestina, Terra Santa, iniciando um estilo de vida simples e pobre ao lado da fonte de Elias. A palavra Carmo corresponde ao monte do Carmo ou monte Carmelo, onde, de acordo com as Escrituras, o profeta Elias se refugiou da tenaz perseguição do exército da rainha Jezebel, que queria matá-lo. A palavra Carmo significa jardim. Desse agrupamento, que foi crescendo rapidamente, surgiu a Ordem dos Carmelitas. Essa ordem venera com carinho o profeta Elias, que é o seu patriarca, e a Virgem Maria, sob o título de Bem-Aventurada Virgem do Carmo. Devido ao lugar onde viviam, esse grupo foi chamado de carmelitas, e lá eles construíram uma pequena capela dedicada à Senhora do Carmo, ou Nossa Senhora do Carmelo. Posteriormente, os carmelitas foram perseguidos e expulsos desse local, sendo obrigados então a ir para a Europa, fugindo dessa feroz perseguição feita pelos muçulmanos. Assim se espalhou ainda mais a Ordem do Carmelo por outros países. São Simão Stock era um dos mais piedosos carmelitas que vivia na Inglaterra. Vendo a Ordem dos Carmelitas ser perseguida e na iminência de ser eliminada da face da Terra, o religioso sofria muito e constantemente pedia socorro a Nossa Senhora do Carmo.

A sua breve oração, que os carmelitas usam até hoje, era: "Flor do Carmelo, vide florida. Esplendor do Céu. Virgem Mãe incomparável. Doce Mãe, mas sempre virgem. Sede propícia aos carmelitas. Ó Estrela do Mar".

Então Maria Santíssima, rodeada de anjos, apareceu para São Simão, entregou-lhe o escapulário e lhe disse: "Recebe, meu filho muito amado, este escapulário de tua ordem, sinal do Meu amor, privilégio para ti e para todos os carmelitas. Quem com ele morrer não se perderá. Eis aqui um sinal da minha aliança, salvação nos perigos, aliança de paz e amor eternos". A partir desse milagre, o escapulário passou a fazer parte do hábito dos carmelitas. Desde a aparição de Nossa Senhora do Carmo a São Simão, a Ordem do Carmelo começou a florescer na Europa e em vários lugares do mundo, permanecendo firme e atuante até os dias de hoje. O escapulário de Nossa Senhora do Carmo se difundiu pelo mundo e é usado pelos fiéis como proteção contra os males espirituais. Novamente vemos Nossa Senhora aparecer à humanidade, oferecendo-lhe um sacramental para ser usado como sinal de nosso amor a Ela e da confiança em Sua proteção materna a todos nós, Seus filhos e filhas adotivos.

Assim, caros leitores e leitoras, ao concluirmos a edição deste livro comemorativo dos trezentos anos da aparição de Nossa Senhora Aparecida no Brasil, queremos lembrar que o nome a Ela dado, Aparecida, é muitíssimo adequado, e que certamente Ela sempre aparecerá, de uma maneira ou de outra, aos Seus filhos e filhas que, com fé e profunda devoção, a Ela recorrerem em momentos de dúvida, dor, medo ou aflição, suplicando a Sua proteção.

Minha experiência com Nossa Senhora na cidade de Fátima

No mês de julho de 2017 estive em Roma e na volta decidi passar por Fátima, em Portugal, para peregrinar em comemoração ao centenário de Sua aparição. Aterrissei em Lisboa e tomei um taxi rumo a Fátima na intenção de participar da Santa Missa, cuja última celebração seria às 19 horas. Por inúmeros problemas nos atrasamos e eu só cheguei à cidade por volta das 19h20, não podendo participar da Santa Missa. Fui então informado no hotel de que eu poderia participar do terço diário, que é rezado pelos fiéis peregrinos todos os dias, às 21 horas, na Capelinha das Aparições (local onde Nossa Senhora apareceu pela primeira vez aos pequenos pastores Jacinta, Lúcia e Francisco). Tomei um banho, troquei de roupa e fui para o local com antecedência, pois me avisaram que os lugares para se sentar eram poucos e os peregrinos, vindos de diversos países, sempre eram muitos. Chegando, sentei-me na ponta de um banco bem de frente à imagem de Nossa Senhora de Fátima e comecei a rezar de olhos fechados, lembrando-me de minha esposa, meus filhos, filhas, netos, netas, amigos, amigas e de todas as pessoas que pediram que eu apresentasse suas súplicas e suas necessidades à nossa Mãe do Céu. Esforcei-me e fui mentalmente, naquele momento de oração, me lembrando de cada pessoa e de seus pedidos. Quando abri os olhos me vi cercado por todos os lados de fiéis peregrinos dos mais diversos países, também orando em silêncio junto à Virgem Maria. Ao redor da imagem, vi sentados dezenas de sacerdotes paramentados, também rezando interiormente, em silêncio. Às 21 horas um sacerdote subiu ao altar e disse em português que rezaríamos o terço em várias línguas e que, para isso, uma a cada cinco Ave-Marias de cada dezena do mistério do terço seria "puxada" numa língua por um representante de cada país, mas que cada um de nós responderia em sua língua natal, e assim aconteceu. Ao ouvir as respostas das Ave-Marias e dos Pais-Nossos em diferentes línguas, imediatamente me senti vivendo o dia de Pentecostes, pois, apesar das línguas diversas, todos sentíamos no coração o mesmo amor por Maria e a Sua correspondente e amorosa resposta a cada um de nós. Uma experiência impossível de ser relatada em palavras, mas que me causou um enorme impacto e uma profunda emoção, não antes experimentadas por mim. Ao terminarmos o terço, uma procissão com uma cruz luminosa à frente teve início, acompanhada da imagem de Nossa Senhora. O padre nos lembrou que a cruz iria sempre à frente, pois Nossa Senhora sempre seguiu e sempre seguirá Jesus como Sua primeira discípula, ao mesmo tempo que sempre nos aconselhará com as mesmas palavras que ela disse aos serventes nas Bodas de Caná: "Fazei tudo o que Ele [Jesus] vos disser!" (Jo 2,5). Durante todo o percurso da procissão, que é feita rodeando o enorme espaço entre a Basílica antiga e o novo Santuário de Fátima, o povo cantava a tradicional canção mariana: "A treze de maio na Cova da Iria, no céu aparece a

Virgem Maria. Ave, Ave, Ave Maria, Ave, Ave, Ave, Ave Maria...". Naquele momento, ouvindo aquele coro de vozes nos mais diferentes idiomas, imediatamente me veio ao coração que a oração não tem língua, não tem cor, raça nem qualquer outra forma de distinção. Ela é única! Ela é uma só, independentemente de qualquer etnia, intensidade ou língua em que é professada. Ela é um louvor único que, de todas as formas, chega até o coração de nossa Mãe, que ouve as pessoas e as atende sem distinção. Fiquei com esta definição martelando em meu coração: "Nossa Mãe do Céu ouve e atende a todas as pessoas sem distinção". E ao rezar o meu terço diário, indo deitar-me nessa noite, esse pensamento não saía de minha memória.

A Santa Missa no dia seguinte, no novo Santuário de Fátima

Acordei ainda com esse pensamento vivo no coração, tomei o desjejum e me dirigi ao Santuário para participar da Santa Missa. Cheguei bem antes do início, me ajoelhei em frente ao altar e comecei a rezar, lembrando-me novamente das pessoas que se recomendaram a mim para que eu entregasse os seus problemas e os seus muitos pedidos a Nossa Senhora em Fátima. Eram muitas pessoas, com as mais diversas intenções e súplicas, que me vinham à mente naquela oração. Esforcei-me ao máximo para me lembrar de todas, inclusive daquelas que não me pediram nada, mas de que eu, por amizade e por carinho, também delas, naquele momento, me lembrei. Pessoas que participaram dos retiros espirituais que prego há mais de 33 anos pelo Brasil, pessoas que participaram dos cursos de marketing, formação e conscientização do dízimo que dou nas paróquias e dioceses há décadas, todas as que leem os meus livros e os meus artigos publicados mensalmente por vários veículos; enfim, recomendei à Virgem todos que, um dia, foram atingidos por Deus por intermédio de mim, pobre mortal e pecador, porém sempre disposto a anunciar a Boa Nova de Jesus, indistintamente a todos. Enfim, pedi a Nossa Senhora que, caso eu tivesse me esquecido de alguém, Ela, como mãe dessas pessoas, se lembrasse de seus nomes e, particularmente, daquilo que as afligia. Quando eu disse isso mentalmente em oração, me veio a inspiração de pedir a Nossa Senhora que me desse uma palavra, uma orientação, um conselho, enfim, que Ela me dissesse algo que eu pudesse transmitir a todas essas pessoas que aguardavam a Sua intercessão materna por suas necessidades e aflições. Porém, disse ainda a Nossa Senhora que eu não estava pedindo uma manifestação miraculosa, uma aparição ou algo semelhante, mas que Ela, de alguma forma, inspirasse em meu coração alguma palavra que fosse comum e aplicável a todos os Seus filhos e filhas. Eu não imaginava exatamente como Ela faria isso, mas a minha fé em Nossa Senhora, que tantas e tantas vezes se manifestou de diversas formas em minha vida, sempre me socorrendo e respondendo aos meus rogos e apelos, me dizia que Ela me atenderia. Logo após esse momento forte de oração, a missa teve início em português, e a primeira leitura era Gn 15,1-2.17-18, que abre com Deus falando a Abrão: "Não temas, Abrão! [...] Olha para o céu e conta as estrelas se fores capaz [...] (pois) assim será a tua descendência e Abrão teve fé no Senhor". O salmo desse dia diz, entre outras santas palavras: "Descendentes de Abraão, Seu servidor, e filhos de Jacó, Seu escolhido, Ele mesmo, o Senhor, é o nosso Deus... Ele sempre se recorda da aliança promulgada a incontáveis gerações...", e o Evangelho desse dia é o de Mt 7,15-20, que diz, entre outros versículos: "Toda árvore boa produz frutos bons... Portanto, pelos frutos (atos, conduta e obras) conhecereis as árvores (pessoas)". Terminadas as leituras, o sacerdote foi para o púlpito a fim de fazer a homilia e, olhando para uma multidão de pessoas, oriundas dos mais diversos países, disse em alto e bom som: "Nossa Senhora tem uma palavra para todos vós que aqui viestes para buscar uma solução, uma resposta ou ao menos um sinal para os seus mais diferentes problemas e apuros", e, dando um tempo, ele parou e olhou mais uma vez em todas as direções para todas aquelas pessoas, entre as quais eu estava. Num relance me veio à memória o pedido que eu fizera a Nossa Senhora momentos antes do início da missa, para que Ela me desse uma palavra que pudesse ser dita por mim a todas as pessoas sem distinção. Emocionado e numa ansiosa expectativa, aguardei o breve silêncio daquele padre para ouvi-lo complementar: "Essa palavra é a mesma que Ele, Deus, disse a Abrão: NÃO TEMAS! Não temas seguir caminhando, mesmo que você esteja passando por dificuldades, enfrentando graves enfermidades, sem emprego, em aflição por causa de filhos, filhas, esposos, esposas e demais parentes e amigos em situações difíceis e aparentemente insolúveis...". E parando novamente para olhar toda aquela multidão no mais completo silêncio, ele complementou: "Não temam por nada, meus filhos e filhas, porque a promessa que Deus Pai fez a Abrão é também para cada um de vocês que aqui se encontra e também para todas as pessoas que vocês trazem em seu coração e por elas intercedem junto a Nossa Senhora. Não temam, pois cada um de vocês representa uma daquelas estrelinhas no céu que Deus pediu para Abrão contar e que ele não conseguiu, pois eram inumeráveis e incontáveis. Todos vocês, sem nenhuma exceção ou distinção, independentemente de raça, religião ou condição, são filhos e filhas de Abrão, uma estrela única e reluzente! E como nos garante a palavra do Salmo de hoje, a promessa feita a eles, a Abrão e a Isaac, é extensiva a cada um de vocês, indistintamente! Por isso vocês não devem temer nada, pois o Pai de Abrão, de Isaac e de Jacó também é o vosso Pai e Ele, como um Pai bondoso e misericordioso, cuidará individualmente de cada um de vocês e de todos aqueles que vocês aqui trouxeram em seu coração, cada um com os seus problemas pessoais". Àquela altura as lágrimas vertiam de meus olhos, pois eu ouvia a resposta que pedira a Nossa Senhora para dizer a todas as pessoas que a mim se recomendaram. E o padre continuou entusiasticamente: "Não temam pedir e, ao mesmo tempo, se entreguem, sem medo, a Deus Pai e também à nossa querida Mãe adotiva que é a Mãe de Jesus, pois ambos amam particularmente cada um de vocês. Todos vocês têm, individualmente, o amor de cada um dEles gratuitamente. Sim, o amor do vosso Pai Deus e de vossa Mãe, Nossa Senhora, é gratuito, por isso não temam pedir-lhes tudo o que vocês precisarem. E se vocês ainda se deixarem ser amados e amadas plenamente pelo Pai e pela Mãe de Nosso Senhor Jesus Cristo, a Virgem Maria, vocês naturalmente irão produzir os bons frutos de que Jesus nos fala hoje no Evangelho. Bons frutos que significam, na prática, o exercício do amor mútuo entre vocês, do perdão entre os que estão magoados, brigados ou separados; frutos da caridade indistinta aos mais necessitados; frutos da vossa paciência nos momentos de dor quando enfrentardes os males e as doenças que atingem a todos, indistintamente. Frutos da paciência quando fordes injustiçados, perseguidos, caluniados ou mesmo 'crucificados', como fizeram com Jesus, o nosso modelo e nosso exemplo de vida. Diante de tudo isso, não temam, filhos e filhas de Nossa Senhora, seguir em frente, pois foi isso que Deus pediu a Abrão, que Lhe disse sim, apesar dos obstáculos que ele precisaria ainda enfrentar para seguir essa ordem divina; e também Nossa Senhora, que, confiando em Deus e em Seu mensageiro, o anjo Gabriel, disse sim a Ele, gerando em Seu sagrado ventre o nosso Salvador Jesus. Levem com vocês e digam a todos que encontrarem pela vida que a mensagem de Nossa Senhora a toda a humanidade é a mesma que Deus deu a Abrão no começo desta caminhada: 'Não temais, pois Eu mesmo, Deus Pai, estarei sempre ao vosso lado, cumprindo assim a Minha promessa, que é eterna e válida até o fim dos tempos'". E assim aquele sacerdote foi para mim como o anjo Gabriel o foi para a Virgem Maria: portador da palavra que eu pedi a Nossa Senhora: Não temas! Voltando ao Brasil, eu a transmiti a cada pessoa que encontrei, e agora a transmito a você que ora nos lê neste livro dedicado a Nossa Senhora Aparecida. Tenha certeza de que, na hora do temor, ou quando o perigo lhe rondar e lhe ameaçar, basta você invocar o Seu nome que Ela aparecerá de alguma forma e lhe protegerá, pois, como toda boa mãe, Nossa Senhora sempre aparece quando um de seus filhos ou filhas clama por Seu nome. Por tudo isso, aqui no Brasil, nós A chamamos corretamente de Nossa Senhora Aparecida, e corretamente lhe damos o título de Padroeira do povo católico brasileiro! Viva Nossa Senhora Aparecida! Viva o nosso Papa Francisco! Viva a nossa Igreja Católica Apostólica Romana! Viva Nosso Senhor Jesus Cristo!

CAPÍTULO 6

A DEVOÇÃO À IMACULADA CONCEIÇÃO NA IGREJA

Dom Damasceno

A devoção à Imaculada Conceição na Igreja: a devoção mariana é uma riqueza de fé e cultura do catolicismo

Desde a Antiguidade, a Igreja Católica reverencia Maria Santíssima com especial singularidade. Orígenes (185-252) afirma que a expressão bíblica "cheia de graça" é reservada unicamente à Mãe de Jesus.

A partir do século IV, os grandes teólogos da Igreja, entre eles Anfilóquio, Crisóstomo, Agostinho, o Papa Martinho, João Damasceno, Jorge de Nicomédia e Tarásio de Constantinopla, escreveram sobre Maria Santíssima na condição de "toda pura, sem mancha e sem pecado". Assim a Igreja a tratava já no decorrer do primeiro milênio do cristianismo. No século X, sua festa era celebrada, em alguns países da Europa, no dia 8 de dezembro.

Em Portugal, a Igreja Católica sempre manifestou grande devoção à Imaculada Conceição de Maria. Ela aparece de modo especial nas celebrações litúrgicas no ano de 1149, como consta nos breviários antigos. Essa atitude se evidenciou ainda mais nos reinados de dom Dinis (1279-1325) e dom Afonso IV (1325-1357), em Coimbra e Alcobaça. Esses soberanos portugueses foram respeitosos fiéis e seguiam as normas da Igreja.

Na Idade Média, além de São João Escoto, São Bernardo de Claraval ganhou destaque e teve muita influência na Igreja e na sociedade em virtude de seus argumentos e escritos marianos. Dizia ele: "A Deus competia nascer de uma virgem unicamente; e era claro que do parto da Virgem somente viesse Deus à luz. Quis então que fosse uma virgem. Da Imaculada nascendo o Imaculado, aquele que purifica as máculas de todos".[7]

A Igreja, como dispensadora e zeladora da missão que lhe cabe, sempre esteve atenta ao Evangelho, à Doutrina e à Tradição, inclusive com relação aos dogmas marianos. O Papa Sisto IV, em 27 de fevereiro de 1477, por meio da constituição *Cum Praecelsa*, incentiva os fiéis à devoção à Imaculada Conceição. O Concílio de Trento, em 17 de junho de 1546, confirmou: "Neste ponto devem seguir-se as constituições de Sisto, de feliz memória". Também o Papa Alexandre VII, na constituição *Sollicitudo*, de 8 de dezembro de 1661, fala da piedade dos fiéis quanto à crença na Maternidade Divina e na Imaculada Conceição de Maria.

---

7. SÃO BERNARDO. *Liturgia das horas*. Petrópolis: Vozes, 1995, v.4, p. 109.

Por conseguinte, a devoção à Imaculada Conceição em Portugal e suas colônias se acentuou a partir do século XVII. "Já em 1618, a câmara municipal de Lisboa mandou gravar em pedra, nas portas principais da cidade, letreiros em que se afirmava que a Virgem Maria foi concebida sem pecado original. No sínodo da Guarda (1634), no de Braga (1637) e no de Coimbra (1639), o clero jurou solenemente defender a Imaculada Conceição."[8] O rei dom João IV, no primeiro dia da Oitava da Imaculada, em 1º de dezembro de 1640, consagrou o reino português e suas colônias à Nossa Senhora da Conceição. O rei e seu séquito, na solenidade da Encarnação do Verbo, em 25 de março de 1646, com aprovação unânime das cortes de Lisboa, proclamaram-na sua padroeira e fizeram a promessa, o juramento de vassalagem, de defender que "a Virgem Nossa Senhora tinha sido concebida sem pecado".[9] Dessa época, a carta náutica desenhada por João Teixeira Albernaz mostra no cabeçalho a pintura da padroeira de Portugal: Nossa Senhora da Conceição.[10]

O Padre Antônio Vieira, SJ (1608-1697), grande teólogo, mariólogo, pregador e escritor, em 8 de dezembro de 1635 proferiu um genuíno sermão sobre o

---

8. OLIVEIRA, Padre Miguel de. *História eclesiástica de Portugal.* União Gráfica: Lisboa, 1940. p. 233.

9. LIMA JÚNIOR, Augusto de. *História de Nossa Senhora em Minas Gerais*. Belo Horizonte: Imprensa Oficial, 1956. p. 35.

10. ARQUIVO NACIONAL DA TORRE DO TOMBO. Portugal, imagem PT-TT-CRT-198-0001.tif.

mistério da Imaculada Conceição de Maria, mostrando que o poder de Deus não segue a lógica humana de pensar e compreender a realidade da vida. Nesse belíssimo sermão barroco, ele afirma: "Primeiro foi em Maria o ser Santa que o ser mulher. Começou Deus na Virgem Santíssima, por onde acaba nos outros santos, e acabou por onde começa. Lá começa pela Natureza e acaba pela Graça: cá começou pela Graça, e acabou pela Natureza: manifestando as delicadezas de sua Sabedoria nestes trocados de sua Onipotência".[11]

No Brasil, desde os primórdios houve católicos devotos de Nossa Senhora da Conceição. Em Itamaracá (Pernambuco), em 1528, foi constituída a primeira comunidade colonial no Nordeste brasileiro sob esse patrocínio. Posteriormente, foram nascendo outras da mesma invocação ao longo da costa marítima e pelo interior de nosso país: Itanhaém (São Paulo) em 1533, Guarapari (Espírito Santo) em 1546, Angra dos Reis (Rio de Janeiro) em 1593, Salvador (Bahia) em 1623, Vila Madalena de Sumaúma (atual Marechal Teodoro, Alagoas) em 1633, Nossa Senhora da Conceição (atual Guarulhos, São Paulo) em 1668, Raposos (Minas Gerais) em 1690, Antônio Paranhos (Paraná) em 1699 e Jacareí (São Paulo) em 1700. Assim sendo, no pontilhar da história, a Padroeira de Portugal e suas colônias tornou-se venerada e amada também pelos brasileiros. Fato é que essa devoção tão querida e acreditada pelos católicos ao longo da história foi assumida pela Igreja

11. VIEYRA, Antonio. *Sermoens.* Parte duodecima. Sermão da Imaculada Conceição. Lisboa: Officina de Miguel Deslands, 1699. p. 2.

inteira. E, para todos os efeitos, essa experiência milenar de fé foi declarada dogma católico em 8 de dezembro de 1854. Nessa época, havia 133 paróquias brasileiras com o título de Nossa Senhora.[12]

Na carta pastoral do episcopado brasileiro dirigida ao clero e aos fiéis, em 1922, por ocasião do centenário da Independência do Brasil, os bispos fizeram a seguinte exortação: "Correi, pois, irmãos e filhos diletíssimos, correi ao Santuário, invocai por intercessão da Virgem Imaculada, protetora do Brasil, Aquele a quem a Sagrada Escritura denomina o Príncipe da Paz".[13]

Tendo em vista esses dados apresentados, a Igreja no Brasil findou o segundo milênio com mais de 500 paróquias dedicadas a Nossa Senhora com o título da Conceição.

---

12. ACADEMIA MARIAL DE APARECIDA. *Imaculada Conceição de Maria Santíssima – Aspectos históricos*. Aparecida: Santuário, 1999. p. 16-19.

13. Idem, ibidem, p. 20.

O Brasil por volta de 1717: as serras da Mantiqueira e do Mar, o rio Paraíba do Sul

O Vale do Paraíba paulista, desde o final do século XVII, tornou-se um corredor de passagens obrigatórias. Os passantes cruzavam os caminhos de Minas, de São Paulo, do Rio de Janeiro, do litoral ao interior, ou vice-versa.

O ciclo do ouro em Minas Gerais, em Mato Grosso e em Goiás movimentou povos, culturas, pobres e ricos, clérigos e leigos, cristãos e não cristãos, católicos e hebreus, cultos e incultos, índios e mamelucos, brancos e negros, mulatos e cafuzos, reinóis e ilhéus, brasileiros e estrangeiros.

A vila de Santo Antônio de Guaratinguetá (São Paulo), criada em 1650, a partir de 1687 tornou-se importante localidade de suporte aos oficiais, bandeirantes e forasteiros que se dirigiam às Gerais. Em 12 de outubro de 1710, o governador de São Paulo e Minas, Antônio de Albuquerque, esteve em Guaratinguetá,[14] onde negociou com os rebelados que provocaram a Guerra dos Emboabas. Os assuntos foram tratados em português e em tupi-guarani. Mas, como as negociações não surtiram os efeitos esperados, o governador retornou às Minas, pela capitania do Rio de Janeiro.

A realidade social e econômica na região da vila de Guaratinguetá, depois da Guerra dos Emboabas, se complicou ainda mais devido ao conflito ser entre pau-

14. ARQUIVO HISTÓRICO ULTRAMARINO. Documento AHU-ACL-N, Minas Gerais, catálogo 20, p. 2, 3.

listas e mineradores. A busca desenfreada das riquezas fazia que muitos fossem às Minas com o intuito de enriquecer logo. Por isso, não cultivavam lavouras nem encontravam ouro e pedras preciosas. A moeda corrente era o ouro em pó. Então, havia ouro e faltavam alimentos. O sal, por exemplo, era produto importado e de luxo, ao qual os pobres não tinham acesso e, por isso, sofriam graves consequências à saúde.

Havia grandes discrepâncias sociais e violência entre as cavalarias, formadas por brancos, e as ordenanças de pé, formadas por brancos populares ou mulatos forros. Era comum ocorrerem disputas, ameaças e violências entre as ditas corporações. Os preconceitos raciais, sociais e culturais predominavam na sociedade brasileira. Muitas mulheres pobres, mestiças, sofredoras e abandonadas, sobreviviam da caridade pública.

O governador Pedro de Almeida

Dom Pedro Miguel de Almeida Portugal (1688-1756), futuro 4º conde de Assumar, em 26 de fevereiro de 1717 foi nomeado general das capitanias de Minas e São Paulo. No mês de julho do mesmo ano, chegou ao Rio de Janeiro. Alguns dias depois, seguiu viagem passando pela Fazenda Santa Cruz, embarcando no Porto de Pesqueria e, por mar, visitou Parati, São Sebastião e Santos. Subindo a serra do Mar, chegou a São Paulo, onde, no dia 4 de setembro, tomou posse do governo e fez os devidos juramentos. Permaneceu na capital paulista até o dia 26, ocupando-se com as nomeações e despachos, dando coordenadas às governanças das vilas e freguesias. No dia 27 de setembro, retomando a sua epopeia de viagem, passou pelo Santuário da Penha (São Paulo), Mogi das Cruzes, Jacareí, Caçapava, Taubaté e Pindamonhangaba. Nesta, no dia 15 de outubro, fez o último despacho, nomeando José Leitão de Abreu juiz dos órfãos dessa vila. No dia seguinte, sábado, viajou e pernoitou próximo da atual cidade de Roseira (São Paulo).

No domingo, 17 de outubro de 1717, após o café, seguiu viagem para a vila de Guaratinguetá, onde a câmara e seus oficiais, autoridades militares, religiosas e civis o aguardavam para o almoço. Chegando a Guaratinguetá, ele e sua comitiva foram recebidos por duas companhias militares, "húa de filhos da terra, e outra dos do Reyno". O governador estava informado sobre as rivalidades entre elas e, consequentemente, os transtornos que alguns milicianos causavam à população local. O próprio Diário da Jornada do governador Pedro de Almeida notifica que, em 1716, houve 17 assassinatos na vila e, em agosto de 1717, mataram uma mulher grávida de oito meses. Ele tinha o intuito de permanecer somente uma semana na localidade. Mas, devido às fortes chuvas, parte de seus pertences continuava em Parati, pois as bestas cargueiras não conseguiam subir a serra do Mar, passando por Facão (Cunha, São Paulo) para chegar à vila de Santo Antônio. Por isso, de 18 a 28 de outubro, aproveitando a sua estada ali, fez novas nomeações para o serviço público: sargento-mor, secretário para a câmara, juiz dos órfãos; e regulamentou por escrito as divisas entre as vilas de Pindamonhangaba e Guaratinguetá, já que havia desentendimentos entre elas. Com relação aos processos mal resolvidos, às impunidades e às prisões não cumpridas, afirma o dito diário: "por cujos agreçores fez sua Exª exactas deligências",[15] isto é, foram julgados, condenados e houve até execuções na forca, como mandava a legislação da época.

Permaneceu o governador em Guaratinguetá no dia 29 de outubro, para descansar. No dia 30, seguiu a viagem passando por Lorena (Ypacaré), Embaú e, galgando a Mantiqueira, adentrou nas Minas Gerais, cujos próximos atos de governo foram despachados em São João Del Rei. Tomou posse em Mariana, em 2 de dezembro de 1717. Ali, ele começou a governar as Gerais com firmeza. Isso perdurou por treze anos. Exerceu todas as funções que lhe foram atribuídas. Possuía bom conhecimento das leis da época. Em 1719, foi ele quem resgatou a proposta (de 1713) para criação dos bispados de São Paulo e Mariana.[16] Ele sabia que a Igreja era uma instituição muito capaz de colaborar com o Estado e os povos (colonos, nativos e negros). Foi ele, inclusive, quem encaminhou as constituições do Arcebispado da Bahia, elaboradas e aprovadas em 1707, para serem impressas em Lisboa (1719) e Coimbra (1720), as quais foram nossas legislações civil, eclesiástica e criminal por mais de um século.

---

15. REIS, Paulo Pereira dos. *Lorena nos séculos XVII e XVIII*. São Paulo: Fundação Nacional Tropeirismo, 1988. p. 81.

16. MACIEL, José Mauro. *Ayuruoca nos setecentos*. Aparecida: Oficinas Gráficas, 2014. p. 94.

Nossa Senhora da Conceição Aparecida

A Igreja Católica, a devoção mariana, a história e a fé fundamentam a cultura do povo brasileiro.

Os católicos brasileiros veem em Nossa Senhora, Mãe de Jesus e nossa Mãe, forte elo de unidade e pertença à Igreja. Por isso, praticar a devoção a Maria Santíssima significa fortificar a fé, vivificar a esperança e fomentar as práticas cristãs.

Tendo em vista os conteúdos apresentados sobre a devoção mariana na história da Igreja e da sociedade brasileira, vamos tratar do significado da devoção a Nossa Senhora da Conceição Aparecida. Sua imagem foi retirada das águas do rio Paraíba do Sul, possivelmente naquele dia 17 de outubro de 1717.

Outubro era (e é) para nós, do Sudeste, o mês das brotas. Às vezes, de pouca chuva. A terra fica sedenta de umidade. As plantas precisam de água para refazer suas folhagens, alimentar os brotos e flores. É a natureza se esforçando para produzir frutos. Então as águas diminuem e, se faltam chuvas, os peixes fogem para as águas mais profundas. Eis a causa da agonia de muitos pescadores que dependiam do rio Paraíba, que na língua nativa significa água (*para*) ruim (*yba*). Portanto, já não havia peixes em abundância no alvorecer da primavera. Eles haviam de esperar por muitos e maiores peixes somente no verão. Certamente, a água era limpa, sem a poluição hodierna. Por isso, os católicos tinham o seguinte costume: quando se quebrava uma imagem sagrada, de terracota e materiais semelhantes, por respeito atiravam-na em lugar onde os viventes não pisavam nem tivessem contato com os animais. Por isso, as águas limpas e correntes dos rios e ribeirões eram as mais propícias.

A corrida pelo ouro provocava escassez de alimentos. O Diário da Jornada do governador Pedro de Almeida nos aponta algumas iguarias da terra que eram oferecidas ao general português. Entre elas, aparecem macaco assado e formigas que os nativos chamavam de içás. A bem da verdade, por volta de 1717 era muito comum consumir carnes de caças e alguns peixes encontrados nos rios, ribeiros e lagoas naturais. Da mesma forma se pode falar dos frutos silvestres.

Então, é nesse contexto social, antropológico e religioso que deparamos com a fé afetiva do povo brasileiro. A sua devoção popular está enraizada no cotidiano da vida. A fé e as práticas cristãs fazem parte do ciclo da vida. Só assim vamos entender o porquê das angústias dos pecadores que moravam nas proximidades das margens do rio Paraíba, sobretudo em Porto Itaguaçu, Potim, Barranco Alto, Ponte Alta e Guaratinguetá. Digo angústia porque faltavam peixes, mas as exigências para pescar eram impostas pelas autoridades locais.

O texto narrando o encontro da Imagem de Nossa Senhora da Conceição Aparecida, escrito em 1757, no livro de tombo da Paróquia de Santo Antônio de Guaratinguetá, nos assevera que foram muitos os pescadores convocados, mas somente três ganharam destaque no decorrer da história: "Entre muitos forão a pescar

Domingos Martinz Garcia, Joam Alvez e Felipe Pedroso em suas Canoas".[17]

A pescaria começou em território da vila de Pindamonhangaba, no porto da barranca do rio que dava acesso às terras de José Correa Leite, tio materno de Santo Antônio Galvão (1739-1822). De fato, a distância é longa, tendo em vista as muitas curvas do rio Paraíba, como nos mostra o dito documento: "E principiando a lançar suas Redes no porto de José Correa Leite continuaram athé o porto de Itaguassú, distancia bastante, sem tirar peixe algú, e lançando neste porto Joam Alvez a Sua rede de arrasto, tirou o corpo da Senhora sem cabeça; lançando maes abaixo outra ves a rede tirou a cabeça da mesma Senhora".[18] Isso se tornou um fato singular: retirar das águas, com uma rede de arrasto, uma imagem decapitada e retirar a cabeça da mesma imagem em um lugar diferente.

Logo depois de ter retirado a imagem das águas, tê-la protegido e guardado respeitosamente, ocorre o segundo fato misterioso: "E continuando a pescaria, não tendo athe então tomado peixe algú, dali por diante foi tão copiosa a pescaria em poucos lanços, q' receoso, e os companheiros de naufragar pello muito peixe q' tinhão nas canoas se retirarão a suas vivendas, admirados deste sucesso."[19] Esse fato ficou conhecido como a pesca milagrosa.

---

17. Cópia segundo o livro de tombo da Paróquia de Santo Antônio de Guaratinguetá, Arquivo da Cúria Metropolitana de Aparecida (ACMA).

18. Ibidem.

19. Ibidem.

A imagem ficou sob a guarda de Felipe Pedroso durante quinze anos, "pouco maes ou menos", tempo em que ele morou próximo de Lourenço de Sá e na Ponte Alta, ambos os lugares nas margens do rio Paraíba e à beira do caminho São Paulo-Minas. Quando ele, em 1735, "passou a morar em Itaguassú, onde deo a Image ao seo filho Athanazio Pedrozo, o qual lhe fes hú Oratorio tal, e qual, e em hú altar de paos collocou a Senhora, onde os Sabados se ajuntava a vizinhança a cantar o terço e maes devoções. Em húa destas occaziões duas luzes de cera da terra repentinamente, que alumiavam a Senhora, estando a noite Serena, e querendo Logo Sylvana da Rocha accender as luzes apagadas, tãobem se virão logo de repente acezas, sem intervir deligencia algúa: foi este o primeiro prodígio, e depois em outra semelhante occazião virão tremores no Nicho, e Altar da Senhora, q' parecia cahir a Senhora, e as luzes tremulas, estando a noite serena".[20] O relato continua falando sobre outros sinais presenciados pelos devotos, sobretudo nas vigílias de sexta para sábado, quando se reuniam para rezar.

Assim "se foi dilatando a fama athe q' patenteando-se muitos prodígios, que a Senhora fazia, foi crescendo a fé e dilatando-se a noticia, e chegando ao R. Vigario Joze Alvez Vilela, este, e outros devotos lhe edificarão húa Capelinha e depois, demolida esta, edificarão no Lugar em q' hoje está com grandeza, e fervor dos devotos, com cujas esmolas tem chegado ao estado em q' de

---

20. Ibidem.

prezente está".[21] Aqui se refere à primeira igreja construída, no lugar da "dita Capelinha", no local da atual Basílica Velha. Dom frei João da Cruz, bispo da Diocese do Rio de Janeiro, que, na época, abrangia a Capitania de São Paulo e quase toda a de Minas Gerais, assinou em Mariana, a antiga Vila do Ribeirão do Carmo, no dia 5 de maio de 1743, o Decreto Canônico, erigindo a Capela de Nossa Senhora da Conceição Aparecida. As terras para a construção da capela foram doadas pela sra. Margarida Nunes Rangel, viúva do capitão André Bernardes de Brito. Dois anos mais tarde, o mesmo dom frei João da Cruz, achando-se em Mariana, novamente, em preparativos para a criação da Diocese de Mariana e ciente de já haver sido edificada, no alto do Morro dos Coqueiros, a Capela de Aparecida autorizou, por provisão do dia 22 de maio de 1745, a sua bênção litúrgica e o culto divino da mesma".[22] Essa primeira igreja foi inaugurada em 26 de julho de 1745 e tornou-se o lugar do encontro de pessoas de fé, de esperança, de sentimento filial e misericordioso, aos pés da querida Imagem de Aparecida.

A curiosidade tem aguçado gerações ao longo da história. Quem teria modelado aquela imagem? Quem, quando e por que a lançou nas águas? O relato nos diz: "Não se sabendo nunca quem ali a lançasse". No entanto, a imagem de Aparecida tem todas as características daquelas que foram moldadas com barro paulista

---

21. Ibidem.

22. OLIVEIRA, Oscar. Virgem Maria: Mãe de Deus e Mãe dos Homens. Mariana: Editora Dom Viçoso, 1968, p. 151.

no final do século XVII. Os estudiosos estão de acordo em que a imagem da Padroeira evidencia os traços e estilo daquelas feitas por Agostinho de Jesus, beneditino, que residiu em Santana de Parnaíba.[23] Os padres jesuítas Inácio Dias e João Xavier, que pregaram em missões na Capela de Aparecida, em 1748, relataram: "Aquela imagem foi moldada em barro, de cor azul escuro, conhecida pelos muitos milagres realizados".[24] Interessante é a expressão "barro de cor azul escuro", equivalente à de nossos antigos oleiros: o barro "cinza-azulado" é bom para fazer telhas, é resistente!

O trânsito de pessoas com destino às minas de ouro se intensificou a partir da década de 1730. E as notícias das graças alcançadas, por intercessão de Nossa Senhora, corriam estradas. Os tropeiros, viajantes e migrantes divulgavam por todas as partes a ação de Deus através de Maria, Mãe de Jesus. Aos poucos, a fama da "Senhora d'Aparecida" chegou às Minas Gerais, Rio de Janeiro, Mato Grosso, Goiás e Bahia. Os romeiros vinham de todos os lados, não obstante as distâncias e dificuldades de locomoção. Cavalgando e a pé, eles chegavam para rezar e venerá-la na igreja de Aparecida. Nessa época, coincidentemente, o Brasil vivia o fenômeno do bandeirantismo.

Aqui é justo lembrar o padre José Alves Vilela (1696-1779), que foi pároco de Guaratinguetá de 1725

---

23. MUSEU NOSSA SENHORA APARECIDA. *Catálogo*. Aparecida, 2016, p. 20.

24. *Relatório anual dos jesuítas da província brasileira, 1748-1749*, cópia do Arquivo da Cúria Metropolitana de Aparecida (ACMA).

a 1746, e continuou na vila até 1755 como juiz eclesiástico. Ele teve um papel importante na história da devoção a Nossa Senhora Aparecida. Dele dependeu a construção da primeira capela de sapé no Itaguaçu, em 1735. Depois, a viabilização e construção da primeira igreja no morro dos Coqueiros, inaugurada em 1745. Foi ele quem pediu as missões pregadas nessa igreja, em 1748, pelos missionários jesuítas: padres Inácio Dias e João Xavier. Foi o padre Vilela quem fundou a Irmandade de Nossa Senhora da Conceição Aparecida, com o intuito de zelar pela igreja e seu patrimônio e divulgar a devoção. Esta recebeu a provisão episcopal em 28 de fevereiro de 1752 e os compromissos foram aprovados em 25 de maio de 1756 por dom frei Antônio da Madre de Deus (1697-1764). Em 1752, o sargento-mor Antonio Galvão de França (1696-1770), pai de Santo Antônio Galvão (1739-1822), fazia parte da diretoria dessa irmandade.

Nessa época, a população católica guaratinguetaense era bastante considerável, pois os fiéis aptos aos sacramentos somavam 3.300 pessoas. A distância territorial entre as freguesias (paróquias) vizinhas, Pindamonhangaba e Lorena, era de 36 quilômetros. O pároco e o vigário eram pagos (conhecenças) pelos fiéis. Somente os párocos colados recebiam da Fazenda Real. Como o rendimento anual chegava a 1 conto de réis, os paroquianos pediam a categoria colativa ao rei dom José I de Portugal. No relatório das paróquias da capitania de São Paulo, datado de 22 de julho de 1756, aparece a seguinte descrição: "A Freguezia de Santo

Antonio da Villa de Guaratinguetá tem de destricto Seis Legoas, pessoas de confição e comunhão tem tres mil, e trezentas; pagão oitenta reis de Conhecença, e Rende hú anno por outro hú Conto de Reis: deve Ser Colada".[25]

Em 1761, durante a visita pastoral a Aparecida, o visitador diocesano, padre Luiz Teixeira Leitão, determinou algumas normas, estabelecendo, organizando e solenizando a procissão para beijar a Imagem. "E havendo-se de dar a oscular a mesma Soberana Imagem, será com decência devida, tendo primeiro luzes ou velas acesas, estando o sacerdote que assim o fizer com sobrepeliz e estola, incensando primeiro a Imagem e fazendo as mais cerimônias em semelhantes atos."[26] Geralmente, essas normas e exigências eram passadas aos ermitães (leigos consagrados, zeladores de santuários) e aos capelães.

Durante muito tempo, a igreja de Aparecida esteve sob a responsabilidade da Paróquia de Guaratinguetá, mas, a partir de 1795, passou a ter capelão próprio. O padre Francisco das Chagas Lima, missionário diocesano, trabalhou em Aparecida até 1800, e logo foi transferido para São João de Queluz, onde foi um capelão-modelo entre os índios puris no decorrer de cinco anos. Sendo zeloso, caridoso, respeitoso e respeitado, especialista em catequese que sabia nutrir

---

25. ARQUIVO HISTÓRICO ULTRAMARINO. Documento AHU-ACL, São Paulo, Cat. 293, i. 6.

26. Livro de tombo da Paróquia de Guaratinguetá, Visita pastoral de 1761, ff. 5v e 6.

com o “néctar do Sagrado Evangelho”, transformando os fiéis em “verdadeiros discípulos de Jesus Cristo”.[27]

O Santuário de Aparecida, depois da saída do padre Chagas, sofreu uma série de intervenções por parte do governo civil. Em 1808, a Chancelaria de Consciência e Ordens foi reduzida para apenas uma comissão administrativa, a Mesa de Consciência e Ordens. Essa comissão controlou a Igreja Católica na administração dos bens, na criação de paróquias, nas nomeações eclesiásticas etc. até 1828. O mesmo fariam, posteriormente, os Ministérios da Justiça e Fazenda do Império Brasileiro, até 1891. Basta recordar que Aparecida chegou a ser paróquia no ínterim de 4 de março de 1842 a 2 de abril de 1844, mas a freguesia foi suprimida por deliberação da Assembleia Provincial de São Paulo, sendo restabelecida somente em 1893.[28]

O professor de botânica e viajante francês Auguste de Saint-Hilaire (1779-1853), em sua “segunda viagem” passando pelo Santuário, em 14 de março de 1822, relatou sobre “á capella de N. S. Apparecida. A imagem que ali se adora, passa por milagrosa e goza de grande reputação, não só na região como nas partes mais longinquas do Brasil. Aqui vem ter gente; dizem, de Minas, Goyaz e Bahia, cumprir promessas feitas a N. Senhora da Apparecida. A egreja está construída no

27. REIS, 1988, p. 208.

28. ACADEMIA MARIAL DE APARECIDA, 1999, p. 24.

alto de uma collina, á extremidade de grande praça quadrada e rodeada de casas".[29]

A devoção à Mãe Aparecida surgiu, se sedimentou e espalhou durante o "ciclo do ouro", acompanhou e perpassou o "ciclo do café" e continuou crescendo na modernidade.

---

29. SAINT-HILAIRE, Auguste de. *Segunda viagem do Rio de Janeiro a Minas Geraes e a São Paulo*. Rio de Janeiro: Ed. Nacional, 1932. v.5, p. 148 e ss.

A Basílica Velha de Aparecida

A "Basílica Velha" de Nossa Senhora Aparecida foi edificada no "morro dos Coqueiros", no mesmo local da primeira igreja (1745) de Aparecida.

Durante a capelania do padre Francisco Antunes de Oliveira, em sua primeira fase de construção (1844-1856), esteve sob a responsabilidade do mestre de obras José Pinto dos Santos. E posteriormente, na segunda fase (1856-1864), sob a responsabilidade do senhor João Júlio Gustavo.

O cônego Joaquim do Monte Carmelo (1817-1889) foi o responsável pela igreja e pelo término de sua construção (1878-1888), e o senhor Thomas Driendl foi o seu mestre de obras. Nesse período, foi feito o acabamento, embelezamento e interior, inclusive colocando as imagens sacras de Santa Isabel, São Joaquim, São José, São João Batista, São Bernardo e Santo Elias.

Em 1893, foi reestabelecida a Paróquia de Aparecida, com o seu pároco, o padre Claro Monteiro do Amaral. Em 28 de outubro de 1894, chegaram os missionários redentoristas da Baviera (Alemanha) para trabalhar no Santuário. O padre Lourenço Gahr CSsR[30] (1829-1905) foi o seu primeiro reitor. Durante o reitorado do padre Gebardo Wiggermann CSsR (1843-1920), em 1896, foram instalados os quadros das estações da Via Sacra na igreja.

---

30. A sigla CSsR (de *Congregatio Sanctissimi Redemptoris*) identifica um padre ou missionário redentorista.

Na passagem do ano de 1900 para 1901, início do "ano jubilar", antes da missa da meia-noite, as imagens do Crucificado e de Nossa Senhora das Dores, esculpidas pelo irmão Bento CSsR (1837-1912), foram abençoadas e entronizadas nesse Santuário.[31] Pouco tempo depois, em 8 de setembro de 1904, a Imagem de Nossa Senhora Aparecida foi coroada como Rainha do Brasil. E para todos os efeitos, em 29 de abril de 1908, o papa Pio X conferiu-lhe o título de "Basílica Menor", cuja sagração se deu em 5 de setembro de 1909.

Durante o primeiro reitorado (1924-1929) do padre José Francisco Wandl CSsR (1882-1937), foi instalado o órgão de tubos, o qual foi abençoado e usado pela primeira vez em 6 de fevereiro de 1927. No seu segundo reitorado (1933-1936), foram encomendados, instalados e inaugurados os "carrilhões", em 30 de junho de 1935. Esse reitor, simples e culto, versátil no trânsito entre o popular e o solene, possuía grande tino pastoral e administrativo.

A Basílica Velha abrigou a Imagem de Nossa Senhora da Conceição Aparecida por mais de um século. Em 2 de outubro de 1982, foi transferida definitivamente para a Basílica Nova, onde continua sendo venerada pelos romeiros do Brasil e do mundo.

---

31. Crônicas da comunidade redentorista de Aparecida. v.1 (1894-1907), p. 141.

A expansão da devoção a Nossa Senhora Aparecida

Em 1825, a comunidade de Alegrete (Rio Grande do Sul) pediu licença à Mesa de Consciência e Ordens para a construção de uma capela dedicada à Nossa Senhora Aparecida. Os devotos alegavam a grande distância para se dirigir com frequência a Aparecida. A licença lhes foi concedida em 2 de março daquele ano, porém a igreja ficou pronta e foi inaugurada em 1846.

Na segunda metade do século XIX, prossegue a propagação da devoção e culto à Senhora Aparecida. Alguns fatos extraordinários, ligados aos milagres por sua intercessão, como, por exemplo, a libertação do escravo Zacarias (1837) e tantas outras graças, os seus santinhos impressos na França (1850) e as fotografias tiradas em Aparecida, a partir de 1862. Oficializou-se a Missa com a Bênção do Santíssimo, às quintas-feiras, na visita pastoral realizada por dom Antonio Joaquim de Melo (1791-1861), em 23 de junho de 1854. Igualmente pontilham as capelas dedicadas a essa devoção: Brasópolis (1862), Córregos (1878) e Ilicínea (a capela em 1874 e a paróquia em 1883), em Minas Gerais, e Tomazina (1886), no Paraná, que são a soma dos reflexos da popularidade dessa devoção.

A elevação à condição de santuário episcopal, em 1893, e a inclusão de sua festa no calendário litúrgico da Diocese de São Paulo, a chegada dos redentoristas, em 28 de outubro de 1894, e a atuação desses missionários que souberam respeitar os valores autênticos da piedade popular; a inclusão da Via Sacra (1896), a aquisição de estampas de Nossa Senhora (1898), a confecção, bênção e entronização das imagens do Crucificado e da imagem da Mãe das Dores, confeccionadas pelo irmão Bento (1837-1912) na passagem do século, à meia-noite de 31 de dezembro de 1900, honram dignamente o mistério de Cristo e a missão da Igreja em Aparecida.

O ano jubilar de 1901 foi celebrado marcadamente em Aparecida. O *Jornal Santuário*, fundado em 1900, empreendeu maior informação, divulgação e interação entre os devotos.

O cinquentenário da declaração do dogma da Imaculada Conceição, celebrado em 1904, e a coroação de Nossa Senhora Aparecida como Rainha do Brasil fazem com que essa devoção ganhe força e sedimentação religiosa e cultural. Nesse ano, o padre Gebardo Wiggermann CSsR (1843-1920) elaborou e publicou o *Manual do devoto de Nossa Senhora Aparecida*.

A oração de consagração, por intercessão de Nossa Senhora, publicada em 1904, popularizou-se entre os devotos. Foi rezada e incentivada nas missões redentoristas desde 1910, oficializada em 1918, tornou-se popular com a Rádio Aparecida (fundada em 1951) e continua a fazer eco nos lábios dos devotos.

O ano jubilar dos 25 anos de coroação de Nossa Senhora Aparecida foi realizado e concluído com o Congresso Mariano de 8 de setembro de 1929. Os efeitos deste culminaram na confirmação de que Nossa Senhora é Padroeira do Brasil, em 16 de julho de 1930, com o decreto do Papa Pio XI. Nessa época, os redentoristas começaram a sonhar com a construção de uma grande igreja numa esplanada ampla. Então, esse sonho começou a se concretizar com o lançamento de Pedra Fundamental em 1954 e o início da construção da Basílica nova em 1955.

A fundação da Rádio Aparecida, em 8 de setembro de 1951, e sua constante ampliação e manutenção estenderam o Santuário aos lares brasileiros. As transmissões de programas instrutivos e celebrações religiosas influíram e influem na formação dos cristãos católicos brasileiros.

Em 1967, por ocasião das comemorações e celebrações dos 250 anos do encontro da Imagem de Nossa Senhora da Conceição Aparecida, o Papa Paulo VI enviou uma delegação pontifícia e presenteou a Mãe do Redentor e o povo brasileiro com a conhecida "rosa de ouro". Nessa época, no Brasil, havia 150 paróquias com o título de Aparecida.

No dia 16 de maio de 1978, houve um atentado contra a veneranda Imagem que a deixou em centenas de pedaços. O nosso símbolo de brasilidade católica – a Imagem –, depois de uma primorosa e respeitosa restauração, por Maria Helena Chartuni, retornou ao seu Santuário. E em seu cortejo de retorno, "a Mãe de Deus e nossa" trouxe consigo uma multidão de fiéis que fizeram um corredor de manifestação de piedade e devoção. Às margens da estrada, de São Paulo a Aparecida, abrigaram esse testemunho bonito e respeitoso, naquele dia 9 de agosto de 1978.

A visita do Papa João Paulo II, no dia 4 de julho de 1980, mostrou mais uma vez o reconhecimento e a importância do Santuário de Aparecida para a Igreja Católica. O papa pediu aos fiéis que permanecessem na "escola de Maria" para escutá-la e seguir os seus exemplos, e afirmou: "A devoção a Maria é fonte de vida cristã profunda, é fonte de compromisso com Deus e com os irmãos".[32]

O Congresso Eucarístico Nacional, realizado em Aparecida no mês de julho de 1985, fomentou a mobilização nacional em torno do mistério eucarístico. Nestes dias se deu a fundação da Academia Marial de Aparecida, a instituição que tem a missão de pesquisar, produzir, divulgar e colaborar com os estudos da mariologia.

Na última semana de outubro de 1994, em Aparecida, houve grandes momentos celebrativos, pois os missionários redentoristas completavam o seu primeiro centenário de presença no Brasil. Neste ínterim, mais de 700 redentoristas e formandos se fizeram presentes na cidade-Santuário.

A partir de outubro de 1987, o Santuário Nacional de Aparecida, além de fazer uso das emissoras de rádio, passa a transmitir semanalmente pela TV Cultura e diariamente pela Rede Vida (a partir de 1997) as celebrações eucarísticas do Santuário. Desde 2005, a TV Aparecida também transmite as santas missas diariamente. Todos esses eventos sucederam em decorrência

---

32. JOÃO PAULO II. *Pronunciamentos do Papa no Brasil.* Petrópolis: Vozes, 1980. p. 130.

dos esforços dos arcebispos metropolitanos dom Geraldo Penido, dom frei Aloísio Lorscheider OFM (1995-2004), dom Raymundo Damasceno Assis (2004-2017) e dos missionários redentoristas que atuam na pastoral extraordinária do Santuário.

A Mãe Aparecida e o Terceiro Milênio

No alvorecer do terceiro milênio da era cristã, a Igreja Católica na América Latina já se preocupava em fazer uma nova revisão e direcionar a sua nova atuação pastoral. O Papa Bento XVI escolheu Aparecida para a realização da V Conferência Geral do Episcopado Latino-Americano e do Caribe e abriu pessoalmente o evento no dia 13 de maio de 2007. Presidiu a solene celebração eucarística na manhã e abriu a conferência à tarde, no Auditório Padre Noé Sotillo. Sua Santidade chegou a Aparecida no dia 11 de maio e permaneceu na cidade, hospedado no Seminário Maior Bom Jesus, até o dia 13. A Conferência Geral do Episcopado Latino-Americano e do Caribe foi realizada de 13 a 31 de maio de 2007.

Na sua homilia, o Papa Bento XVI pediu "à Mãe de Deus, Nossa Senhora da Conceição Aparecida, que zele pela vida de todos os cristãos. Ela, que é a Estrela da Evangelização, guie nossos passos no caminho do Reino celestial: 'Mãe nossa, protegei a família brasileira e latino-americana! Amparai, sob o Vosso manto protetor, os filhos desta Pátria querida que nos acolhe. Vós, que sois a Advogada junto ao Vosso Filho Jesus, dai ao povo brasileiro paz constante e prosperidade completa'".[33] A conferência terminou no dia 31 de maio com solene celebração eucarística no Santuário Nacional,

33. Documento de Aparecida. São Paulo: Paulus, 2007. p. 288.

presidida pelo presidente do Celam, e se encerrou com um almoço festivo no Seminário Maior Bom Jesus.

Antes do início da Jornada Mundial da Juventude, realizada no Rio de Janeiro, o Papa Francisco visitou o Santuário de Aparecida naquele dia 24 de julho de 2013. Na celebração eucarística, durante sua homilia, o papa encorajou a juventude e pediu que os pastoralistas acompanhassem os jovens e fizessem deles os protagonistas de um mundo melhor, porque os jovens têm potencial para renovar a Igreja e a sociedade. Após a celebração, o Papa Francisco se dirigiu, em carro aberto, até o Seminário Bom Jesus, aclamado por um grande número de fiéis que o saudavam pelas ruas da cidade.

O Santuário de Aparecida, por intermédio do arcebispo metropolitano, dom Raymundo Damasceno Assis, e dos missionários que nele atuam, se preparou desde 2014 para o Jubileu dos 300 Anos do encontro da Imagem de Aparecida. Esse grande jubileu é norteado pelo Ano Mariano da Igreja no Brasil, inaugurado no dia 12 de outubro de 2016 e culminando, com grande júbilo e ação de graças, em 12 de outubro de 2017, na solenidade de nossa Rainha e Padroeira do Brasil, Nossa Senhora da Conceição Aparecida.

O Santuário Nacional se preparou com muito zelo para a celebração do Grande Jubileu dos 300 Anos do encontro da Imagem da Mãe Aparecida. O Santuário é a Casa da Mãe, onde os irmãos se encontram, à luz da fé em Cristo, unidos como Igreja.

FONTES BIBLIOGRÁFICAS

ACADEMIA MARIAL DE APARECIDA. *Imaculada Conceição de Maria Santíssima – Aspectos históricos*. Aparecida: Santuário, 1999. (Cadernos Marianos, n. 6).

ARQUIVO HISTÓRICO ULTRAMARINO. Documento ACL-N, Minas Gerais, catálogo 20. Pesquisa on-line.

_____. Documento ACL-N, São Paulo, catálogo 293. Pesquisa on-line.

ARQUIVO NACIONAL DA TORRE DO TOMBO, Portugal, PT-TT-CRT-198-0001.TIF. Disponível em: <http://digitarq.arquivos.pt/viewer?id=4162626>. Acesso em: 12 ago. 2017.

CRÔNICAS da comunidade redentorista de Aparecida. v.1 (1894-1907).

DOCUMENTO de Aparecida. São Paulo: Paulus, 2007.

JOÃO PAULO II. *Pronunciamentos do papa no Brasil.* Petrópolis: Vozes, 1980.

LIMA JÚNIOR, Augusto de. *História de Nossa Senhora em Minas Gerais.* Belo Horizonte: Imprensa Oficial, 1956.

LIVRO do tombo de 1757-1873. Arquivo da Cúria Metropolitana da Aparecida, Paróquia Santo Antonio de Guaratinguetá.

MACIEL, José Mauro. *Ayuruoca nos setecentos.* Aparecida: Oficinas Gráficas, 2014.

MUSEU NOSSA SENHORA APARECIDA. Catálogo. Aparecida, 2016.

OLIVEIRA, padre Miguel de. *História eclesiástica de Portugal.* Lisboa: União Gráfica, 1940.

REIS, Paulo Pereira dos. *Lorena nos séculos XVII e XVIII.* São Paulo: Fundação Nacional Tropeirismo, 1988.

RELATÓRIO anual dos jesuítas da província brasileira, 1748-1749. Arquivo da Cúria Metropolitana da Aparecida, Paróquia Santo Antonio de Guaratinguetá. Cópia.

SAINT-HILAIRE, Auguste de. *Segunda viagem do Rio de Janeiro a Minas Geraes e a São Paulo*. Rio de Janeiro: Editora Nacional, 1932. v.5.

SÃO BERNARDO. *Liturgia das horas*. Petrópolis: Vozes, 1995. v.4.

VIEYRA, Antonio. *Sermoens*. Parte duodecima. Sermão da Imaculada Conceição. Lisboa: Officina de Miguel Deslands, 1699.

Madre Teresa de Calcutá é um ícone que transcende as religiões. Seus feitos são reconhecidos pelos maiores líderes do mundo. A maior prova disso veio em 1979, quando recebeu o prêmio Nobel da Paz. Falecida em 1997, a "santa das sarjetas" teve seu processo de beatificação confirmado pelo então Papa João Paulo II, em 2003. Era necessário um milagre para que ela pudesse receber o mais alto grau de reconhecimento da Igreja Católica: a canonização. No dia 9 de dezembro de 2008 aconteceu um fato extraordinário, na Baixada Santista, no Brasil. Era o que faltava.

Um paciente em coma, com múltiplos abscessos cerebrais e hidrocefalia acordou diante do médico que estava pronto para operá-lo. A cirurgia nunca aconteceu e o paciente ficou completamente curado enquanto sua esposa rezava com fé ardente pedindo a intercessão de Madre Teresa. Após vários anos de investigação, a Igreja Católica reconheceu tratar-se de um verdadeiro milagre que abriria as portas para a canonização da "santa dos pobres". Neste livro, que possui *Nihil Obstat* – aprovação da Igreja Católica para publicações –, será possível conhecer, a partir de informações inéditas, os detalhes dessa impressionante história de fé e devoção. Prepare-se para tocar o céu com suas próprias mãos.

ALEXANDRE VARELA e VIVIANE VARELA
COMO OS CAÇADORES DE TRETA
AS GRANDES MENTIRAS SOBRE A IGREJA CATÓLICA
DESVENDE OS MITOS SOBRE O CATOLICISMO
DOS CRIADORES DO SITE
O CATEQUISTA
Planeta

Quantas vezes já ouvimos que a Igreja agiu de modo terrível na Idade Média, atrapalhou enormemente a ciência, matou milhares de inocentes durante a Inquisição e que é machista ou elitista? Quantas pessoas já questionaram a relevância dos santos, dos rituais e das relíquias do catolicismo sem saber exatamente o que eles significam ou representam? Para estes e outros questionamentos é que Alexandre Varela, o responsável pelo maior blog católico da atualidade, *O Catequista*, escreveu um verdadeiro manual para o católico moderno. Divertido e com o característico humor ácido da página, *As grandes mentiras sobre a Igreja Católica* comprovará que a realidade por trás da Igreja Católica se revela completamente diferente das histórias que ouvimos nas escolas e na mídia.

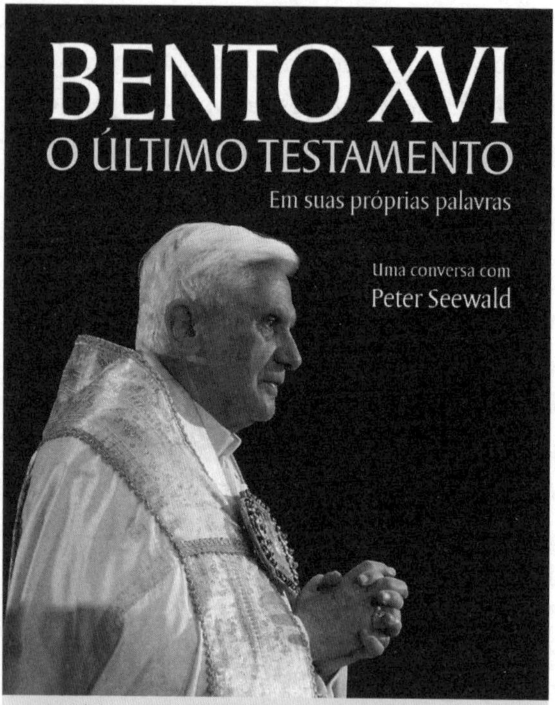
BENTO XVI
O ÚLTIMO TESTAMENTO
Em suas próprias palavras
Uma conversa com
Peter Seewald
Antes de ser um grandíssimo teólogo e mestre da fé, Bento XVI é um homem que realmente acredita e reza; um homem que personifica a santidade; um homem de paz; um homem de Deus. Papa Francisco
Planeta

Bento XVI fez história ao ser o primeiro papa em mais de setecentos anos a renunciar. A Igreja Católica em todo o mundo ficou chocada. Desgastado pela corrupção na Igreja e por uma série interminável de escândalos sexuais clericais, ele decidiu que a resolução de todos esses problemas estava fora de seu poder, considerando um homem de sua idade.

O último testamento está mais próximo de uma autobiografia do homem tímido e privado que permaneceu "escondido do mundo" em um antigo convento nos jardins do Vaticano. Ele quebra seu silêncio sobre questões como o caso *Vatileaks*, em que seu mordomo vazou algumas de suas cartas pessoais que alegavam corrupção e escândalo na cidade sede da Igreja Católica; a presença de um "lobby gay" entre padres e como ele o desmantelou; sua suposta educação nazista; suas tentativas de limpar a "sujeira na igreja" (abuso sexual clerical), entre outras.

Em um nível mais pessoal, ele escreve com grande admiração sobre seu sucessor, o Papa Francisco, que ele admite ter um toque popular, uma qualidade de estrela que lhe falta. Muita polêmica ainda envolve a trajetória de Bento XVI - neste livro ele aborda essas controvérsias e revela como, em sua idade avançada, governar e reformar o papado, e particularmente o Vaticano, estava além de suas capacidades.

Este livro foi composto em Adobe Garamond Pro e Bliss Pro
e impresso pela Intergraf para a
Editora Planeta do Brasil em setembro de 2017.